| 혜거 스님과 함께하는 마음공부 |

가시가 꽃이 되다

혜거스님과 함께하는 마음공부
가시가 꽃이 되다

초판 1쇄 펴냄 2008년 5월 20일
초판 4쇄 펴냄 2014년 12월 5일

지은이 혜거 스님
펴낸이 김선영
펴낸곳 책으로여는세상

출판등록 제2012-000002호
주소 (우)476-912 경기도 양평군 강상면 강상로 476-40
전화 070-4222-9917 | **팩스** 0505-917-9917 | **E-mail** dkahn21@daum.net

ISBN 978-89-958770-6-7 03810
ⓒ 혜거스님. 2008

책으로여는세상
좋·은·책·이·좋·은·세·상·을·열·어·갑·니·다

*잘못된 책은 사신 곳에서 바꿀 수 있습니다.
*이 책에 실린 모든 내용은 「책으로여는세상」의 서면 동의 없이는 사용할 수 없습니다.

| 혜거 스님과 함께하는 마음공부 | | 혜거 스님 지음

가시가 꽃이 되다

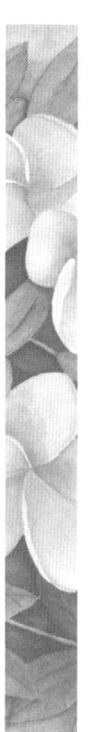

책으로여는세상

| 머리말 |

더 높게 더 낮게

 나를 돌이켜 보면 모자라고 모자라다는 생각뿐입니다. 열심히 한다고 했지만, 자세히 반조返照해 보면 너무나 많은 시간을 헛되이 써버렸고, 앞뒤를 뒤바꿔서 다시 돌아갈 수 없는 길에 와 있기도 합니다.

 세상에서 성공한 사람들은 대개 오직 한 길에 한결같이 전념해, 활동 반경이 작은 사람들이라는 것을 알 수 있습니다. 단순하면서도 한 가지 일에 최선을 다한 시간이 많을수록 더 큰 성공을 이룬다는 것이지요. 그런데 그렇게 성공한 사람들이 대부분 성공한 그 높은 자리에 계속 머문다는 것이 오늘날 우리 사회가 안고 있는 문제점이기도 합니다.
 성공을 이룬 다음에는 낮은 곳으로 내려와 스스로 몸을 낮추고 마음을 낮춰야 합니다. 그리하여 상대방을 높여야 합니다. 이것이 성공한 사람이 해야 할 일입니다. 자신은 몸과 마음을 낮춰 더 낮출 수 없을 때까지 낮추고, 상대방은 높일 수 있는 데까지 최선을 다해 높여야 합니다.

한 가지 생각으로, 한 분야에 전념해 공을 이루고, 공을 이룬 뒤에는 자신을 낮추고 상대를 존중하면서, 그 마음이 계속 이어지도록 채찍질하는 것, 이것이 바로 공을 이룬 사람이 한계를 넘어설 수 있는 길입니다. 우리는 그런 마음으로 세상을 살아야 합니다.

그동안 자신을 돌아보지 못하고 많은 곳에서 부질없이 한 이야기들을 정리해 이 책을 내게 되어, 다시 한번 나를 반조返照하는 좋은 계기가 되었습니다.

여기에 실린 몇몇 구절들은 세상을 향한 소리이기보다는 나 자신을 채찍질하는 소리로 이해하시고, 자기 자신은 낮추고 상대는 높이는 풍토에 작은 도움이라도 되었으면 좋겠습니다.

2008년 5월 3일 금강선원에서

혜거

| 차례 |

머리말 | 더 높게 더 낮게

1장 변한 것은 없는데 하나도 같지 않다

초심 初心 | 처음 마음으로 돌아가면 바른 생각과 판단이 보인다 · 12
미움 | 누군가를 미워한다는 것은 뿌리 없는 허상 · 13
용서 容恕 | 스스로에게 베푸는 가장 큰 자비이자 사랑 · 15
이목 耳目 | 귀로 듣지만 귀로 듣지 않고, 눈으로 보지만 눈으로 보지 않는다 · 17
오안 五眼 | 세상을 바라보는 다섯 가지 눈 · 19
일수사견 一水四見 | 물 한 잔을 바라보는 네 개의 다른 시선 · 21
다양성 多樣性 | 다른 사람의 관점을 통해 자신의 생각을 넓히다 · 23
안목 眼目 | 세상에서 가장 귀한 눈 · 26
식병 識病 | 아는 것이 병이다 · 28
진리 眞理 | 진리를 실천할 때 부처를 만나게 된다 · 30
당랑거철 螳螂拒轍 | 있을 만한 곳에 있고, 갈 만한 곳에 가다 · 31
오행 五行 | 이치를 알면 어떤 싸움에서도 이길 수 있다 · 33
길 道 | 나는 지금 어떤 길을 걷고 있는가? · 37
소견 所見 | 소견이 깊고 넓은 만큼 세상을 보는 눈이 달라진다 · 38
정체성 正體性 | 한 몸이면서 동시에 한 몸이 아니다 · 41
신분상승 身分上乘 | 자아를 버리고 무아를 향해 자신을 향상시키는 과정 · 44
의식 意識 | 지위는 당대를 가고 높은 의식은 천 년을 간다 · 46
삼달덕 三達德 | 지도자는 합리적이고, 인간적이고, 용감해야 한다 · 48

불치하문 不恥下問 | 아랫사람에게 묻기를 부끄러워하지 않다 · 50

하심 下心 | 낮출 수 있는 대로 낮추면 가장 높아진다 · 54

삼인 三人 | 자기중심으로 생각하고 판단하고 행동하지 않는다 · 55

윤회 輪廻 | 어제와 오늘이 똑같지만 어제는 오늘이 아니다 · 59

방석 한 장 위에 스스로 몸을 묶고 마음을 묶다

의문 疑問 | 눈에 보이는 온갖 것의 이치에 대해 궁금해하다 · 62

좌선 坐禪 | 고요한 곳을 찾아가 편안하게 있다 · 63

집중 集中 | 눈길 가는 곳에 마음을 붙들어 매다 · 65

화두 話頭 | 얼마나 간절하고 간절한가 · 67

몽중일여 夢中一如 | 간절하면 하룻밤을 넘기지 않는다 · 70

선 禪 | 버린다는 사실도 버리다 · 71

수행 修行 | 홀로 참선의 세계에 빠지다 · 72

수치 羞恥 | 부끄러움을 알다 · 75

결제 結制 | 방석 한 장 위에 스스로 몸을 묶고 마음을 묶다 · 76

자자 自恣 | 스스로 방자함을 묻다 · 79

영역 領域 | 방석 한 장의 영역에서 이루는 커다란 성취 · 81

묵언수행 默言修行 | 말없이 마음의 소리에 귀 기울이다 · 82

묵빈대처 默賓對處 | 가르치지 않고 가르치다 · 85
지지 止止 | 능히 멈춰야 할 것을 알아 멈추기를 마다하지 않다 · 87
지관 止觀 | 번뇌를 그치게 하고, 자신의 본마음을 바라보다 · 89
탐주정랑 探珠靜浪 | 구슬을 찾으려면 물이 고요해야 한다 · 91
지족불욕 지지불태 知足不辱 知止不殆 | 만족함을 알면 욕되지 않고, 멈출 줄 알면 위태롭지 않다 · 93
육바라밀 六波羅蜜 | 참된 깨달음을 위한 여섯 가지 덕목 · 95
회광반조 回光返照 | 돌이켜 참회할 것이 없어질 때까지 참회하다 · 99
이참 理懺과 사참 事懺 | 머리와 마음으로 완전한 참회를 하다 · 102
조식 調食 | 맛에 탐닉하지 않고, 배부르게 먹지 않는다 · 104
조면 調眠 | 스스로 잠을 절제하다 · 106
공부 工夫 | 배우지 않으면 한 덩이 흙보다 못하다 · 108
주인 主人 | 주인의 권한을 마음껏 누리다 · 112

3장 마음공부, 가시가 꽃이 되다

아상 我想 | 어리석음이 앞을 가려 본질을 보지 못하다 · 116
깨달음 | 있는 그대로 비추는 거울 · 118
거울 | 다른 사람의 얼굴에서 내 마음을 보다 · 119
탐진치 貪瞋癡 | 반드시 버려야 할 세 가지 독 · 121

청정지 清淨智 | 다툼이 없는 곳으로 상대를 이끌어내는 지혜 · 124

공 空 | 모양 있는 모든 것은 모양 없는 것이 뒷받침한다 · 125

선견지명 先見之明 | 바람 속에서 비를 내다볼 줄 아는 지혜 · 127

지혜 智慧 | 넘치기 전에 덜어내고 넘어지기 전에 멈추다 · 128

심등명법 心燈明法 | 햇빛이 밝다 한들 지혜의 빛만은 못하다 · 130

노익장 老益壯 | 일생을 살고 얻은 지혜를 젊은이가 어찌 알겠는가! · 131

소탐대실 小貪大失 | 작은 이득은 잘 보이나 큰 이득은 잘 보이지 않는다 · 135

무아 無我 | 욕심내지 않고, 성내지 않고, 어리석지 않다 · 138

근원 根源 | 내 입장 버리기 · 140

자기변화 自己變化 | 한순간에 세상 모든 것을 바꿀 수 있는 지혜 · 142

의심 疑心 | 의심이 발목을 잡아 앞으로 나아가지 못하다 · 144

기도 祈禱 | 행동하지 않는 믿음은 죽은 믿음 · 145

신앙 信仰 | 자기 자신을 바로 세우는 수행의 과정 · 146

효행근본 孝行根本 | 장례는 죽은 사람에게 돌리고, 제는 산 사람에게 돌리다 · 147

희로애락 喜怒哀樂 | 때로 기뻐하고 때로 슬퍼하고 때로 화를 내다 · 149

현재심 現在心 | 늘 지금 이 순간을 살다 · 153

부진부장 不眞不長 | 진리가 아니면 영원하지 않다 · 155

4장 흔적 없이 베풀고, 아낌없이 나누다

유호덕 攸好德 | 덕을 좋아하고, 즐겨 덕을 베풀다 · 158

덕 德 | 나를 비우고 마음을 비울 때 가질 수 있는 가치 · 161

순망치한 脣亡齒寒 | 입술이 없으면 이가 시리다 · 164

성공 成功 | 나 아닌 것을 위해 나는 무엇을 할 것인가? · 166

일신청정 다신청정 一身淸淨多身淸淨 | 내 몸 하나가 깨끗하면 많은 사람들이 깨끗해진다 · 170

육화 六和 | 더불어 살아가는 여섯 가지 지혜 · 173

자리이타 自利利他 | 위로는 도를 구하고, 아래로는 남을 위해 몸을 바치다 · 177

복지무비 福智無比 | 복과 지혜는 견줄 수 없다 · 181

진복 眞福 | 뿌리지 않고 거둘 수 없다 · 182

말 | 따뜻한 말 한마디가 참다운 공양구 · 184

나눔 | 공덕은 여러 사람이 조금씩 나누는 데 있다 · 185

회향 廻向 | 자신이 이룬 공덕을 다른 사람에게 돌리다 · 187

회소향대 廻小向大 | 작은 것을 돌이켜 큰 것을 향하다 · 190

원력 願力 | 간절함을 뛰어넘는 간절함 · 192

의행 義行 | 지금도 좋고, 나중에도 좋은 일을 하다 · 194

삼덕 三德 | 법신法身으로 삼라만상의 참모습을 보다 · 195

덕 德**과 지혜** 智慧 | 덕 없는 지혜를 경계하다 · 197

천재불용 天才不用 | 재주가 덕을 이겨서는 안 된다 · 199

무명 無明 | 착각에서 벗어나라 · 205

변한 것은 없는데
하나도 같지 않다

1장

초심初心
처음 마음으로 돌아가면 바른 생각과 판단이 보인다

이 순간 나를 힘들게 하는 일이 있다면 그 일을 처음 시작했을 때로 돌아가 곰곰이 생각해보십시오. 지금 나를 힘들게 하는 사람이 있다면 그 사람을 처음 만났던 때로 돌아가 곰곰이 생각해보십시오.

처음에는 좋아서 그 일을 했고, 좋아서 그 사람을 만났습니다. 그런데 세월이 지나 그 일과 그 사람이 나를 힘들게 하고 있다면 원인이 어디 있을까요? 그 일과 그 사람이 변했기 때문일까요? 아니면 그 일과 그 사람을 바라보는 내 마음이 변했기 때문일까요?

초심初心으로 돌아가 곰곰이 생각해보면 답을 알 수 있습니다.

미움
누군가를 미워한다는 것은 뿌리 없는 허상

 어떤 여인이 찾아와 이웃의 누군가가 미워죽겠다고 했습니다. 나는 그 여인에게 언제 적 이웃이 미운지 물어보았습니다. 여인은 눈을 동그랗게 뜨고는 무슨 말인지 궁금해했습니다.

 "사람은 늘 바뀌기 마련인데, 당신이 미워하는 그 이웃은 언제 적 사람입니까? 어제의 사람이라면 밤새 달라졌을 수 있으니 이제는 그만 미워하시고, 오늘 아침의 사람이라면 그 사이 또 바뀌었을 수 있으니 그만 미워하시고, 방금 전의 사람이라면 앞으로 얼마든지 바뀔 수 있으니 그만 미워하십시오."

 사람은 시시각각으로 바뀝니다. 어제와 똑같은 사람은 아무도 없습니다. 어떤 모습으로든지 바뀌기 마련입니다. 그러므로 누군가를 미워한다는 것은 사실 참 어리석은 것입니다.

 미워하는 감정은 어느 고정된 시점에서 일어난 사건을 통해 생겨난 것인데, 사람은 거기에 머물지 않고 늘 바뀌기 때문입니다. 더구나 상대방뿐 아니라 자기 자신도 계속해서 바뀝니다. 따라서 누군가를 미워한다는 것은 뿌리 없는 허상에 지나지 않습니다.

용서容恕
스스로에게 베푸는 가장 큰 자비이자 사랑

남을 용서해줄 때 가장 큰 혜택을 받는 사람은 용서받는 사람이 아니라 용서하는 바로 그 사람입니다. 용서를 통해 온갖 분노와 미움과 질투에서 해방되는 것은 바로 자기 자신이기 때문입니다. 용서는 자기가 자신에게 베푸는 가장 큰 자비이자 사랑입니다.

사람들은 돈이 많지 않아서, 지위가 높지 않아서, 얼굴이 잘나지 못해서, 많이 배우지 못해서 행복하지 못하다는 말을 많이 합니다. 하지만 곰곰이 생각해보십시오. 참으로 우리의 행복을 가로막고 있는 것은 적은 돈도, 낮은 지위도, 못생긴 얼굴도, 많이 하지 못한 공부도 아닙니다. 그것은 다른 사람에 대한 미움과 분노와 질투입니다. 이들이 우리의 행복에 큰 걸림돌로 버티고 있습니다. 마음속에 있는 이러한 분노와 미움과 질투를 없애기만 하면 순식간에 우리는 행복해집니다. 그리고 이것을 가능하게 하는 것이 바로 용서입니다.

진정한 용서는 '나는 잘했고 너는 잘못했으니 잘한 내가 잘못한 너를 용서하겠다'는 것이 되어서는 안 됩니다. 참된 용서는 스스로가 스스로에게 내리는 용서가 되어야 합니다. 용서를 통해 가장 행복해지는 사람이 자기 자신인 만큼 이것은 당연한 것이기도 합니다. 모든 용서는 자기 자신에 대한 용서이고, 자기 자신과의 화해입니다.

이목耳目
귀로 듣지만 귀로 듣지 않고,
눈으로 보지만 눈으로 보지 않는다

한 스님이 제자들 앞에서 주먹 쥔 손을 들어 보이며 물었습니다.

"무엇이 이 든 손을 보는가?"

제자들이 대답했습니다.

"눈으로 봅니다."

"눈으로 본다면 캄캄한 밤에도 보이는가?"

"밤에는 보이지 않습니다."

"그러면 무엇으로 보는가?"

"빛이 있어야 보입니다."

"빛이 있어야 본다면, 어찌 장님은 빛이 있는 밝은 낮에 보지를 못하는가?"

그러고는 손으로 탁자를 크게 친 다음, 다시 물었습니다.

"이 소리는 무엇이 듣는가?"

"귀로 듣습니다."
"귀로 듣는다면, 왜 방금 죽은 사람은 귀가 있는데도 못 듣는가?"

    눈으로 보는 것 같지만 눈으로 보지 않습니다. 보는 것은 오직 우리의 마음입니다. 마음이 바르고 깨끗하면 모든 것이 바르고 깨끗하게 보이고, 마음이 비뚤어지고 깨끗하지 못하면 모든 것이 비뚤어 보이고 더럽게 보이는 법입니다.
    듣는 것도 마찬가지입니다. 늘 듣는 말인데 어떤 날은 기분 좋게 들리고 어떤 날은 기분 나쁘게 들리기도 합니다. 만약 귀로 듣는다면 똑같은 소리는 늘 똑같은 소리로 들려야 할 것입니다. 귀로 듣는 것 같지만 사실은 마음으로 듣기 때문에, 마음 상태에 따라 늘 다르게 들리는 것입니다. 마음을 바르고 깨끗하게 가지십시오. 세상 모든 것이 깨끗하게 보이고 바르게 들릴 것입니다.

오안五眼
세상을 바라보는 다섯 가지 눈

도적의 눈에는 온통 도적만 보이고, 부처의 눈에는 온통 부처만 보인다고 했습니다. 사람은 누구나 자기만의 안경을 끼고 세상을 바라보기 마련입니다. 그러므로 어떤 세상을 사느냐 하는 것은 순전히 어떤 눈으로 세상을 바라보느냐에 달려 있습니다. 세상을 바라보는 안목을 높이십시오. 안목을 높이면 그만큼 행복하고 평화로운 세상을 살 수 있습니다.

세상을 바라보는 눈에는 다섯 가지가 있습니다.

첫째, 진리의 눈으로 볼 수 있어야 합니다. 이를 진관법眞觀法이라 합니다.

둘째, 깨끗한 눈으로 볼 수 있어야 합니다. 이를 청정관법淸淨觀法이라 합니다.

셋째, 지혜로운 눈으로 볼 수 있어야 합니다. 이를 지혜관법智慧觀

法이라 합니다.

넷째, 눈으로 본 것이 자신에게 아무런 영향을 미치지 않는 경지의 바라봄이 있어야 합니다. 이를 비관법非觀法이라 합니다.

다섯째, 자비로운 눈으로 바라볼 수 있어야 합니다. 이를 자관법慈觀法이라 합니다.

이 다섯 가지 눈을 가지게 되면 세상은 그지없이 평화롭고 살 만한 곳이 됩니다. 더 이상 미움도 다툼도 시기도 질투도 없는 곳이 됩니다.

일수사견一水四見
물 한 잔을 바라보는 네 개의 다른 시선

물은 똑같은 물이지만 누가 보느냐에 따라 전혀 다른 것이 되기도 합니다. 사람에게 물은 그냥 물로 보이지만 물고기에게 물은 집으로 보이고, 천상의 사람에게는 되비친 햇빛 때문에 반짝이는 보석으로 보입니다. 그리고 늘 배고픔으로 괴로워하는 아귀의 눈에는 피고름으로 보인다고 합니다.

이것이 불가에서 말하는 일수사견一水四見입니다. 곧, 한 가지 사물이나 사건을 놓고도 각자의 처지에 따라 얼마든지 다르게 보고, 다르게 받아들일 수 있다는 것입니다.

눈에 보이는 물을 놓고도 이렇듯 서로 다르게 볼 수 있는데, 눈에 보이지 않는 생각이나 가치관 앞에서는 얼마나 서로 다르게 바라볼까요? 그러므로 '내 생각만이 맞다', '내가 말하는 것이 최고다'라고 우기는 것은 스스로 어리석다고 나발 부는 꼴이나 마찬가지입니다.

    다른 사람의 생각이나 몸짓이 내 눈에 우습고 어리석게 보일 때면 그 순간 '일수사견'을 떠올리십시오. 나는 물로 보지만 그 사람은 보석으로 보고 있을 수 있기 때문입니다.

    만약 그 사람이 피고름으로 보고 있다 하더라도 그 사람의 소견으로 돌리십시오. 소견이 좁은 사람에게는 아무리 보석이라고 말해도 보석으로 보지 못하기 때문입니다. 그러므로 그저 있는 그대로 받아들이고 이해하십시오. 언젠가 소견이 넓어지면 그 사람도 보석으로 볼 수 있게 될 것입니다.

다양성 多樣性
다른 사람의 관점을 통해 자신의 생각을 넓히다

1월 1일이 되면 새해가 밝습니다. 많은 사람들이 한 해의 시작에 큰 의미를 두면서 서로 축하하고 나름대로 맹세의 시간을 갖기도 합니다. 그런데 양력에 의미를 두는 사람은 양력 1월 1일을 새해 첫날로 삼지만, 음력을 중요하게 생각하는 사람은 음력 1월 1일을 새해 첫날로 삼아 그날 축하와 맹세를 합니다.

이뿐만이 아닙니다. 1년을 24절기로 나누면 한 해의 시작은 입춘立春이 되고, 음양陰陽에 따라 한 해의 시작을 따지면 동지冬至가 새해 첫날이 됩니다. 동지가 지나면서 낮이 조금씩 길어지기 때문입니다.

이처럼 기준을 어디에 두느냐에 따라 한 해를 시작하는 시점이 달라집니다. 이것이 다양성입니다. 똑같은 사람이 똑같은 사물을 보아도 어느 방향에서 보는가에 따라 그 사물의 모양이 다르게 보입니다. 그리고 어떤 가치관을 갖고 바라보느냐에 따라 그 사물이 갖고 있는 의미도 달라집니다. 그런데도 내가 본 모습과 내가 갖게 된 의미만 고집하게 되면 어떻게 될까요?

내 눈에는 세모로 보였지만, 다른 방향에서 바라보면 네모로 보일 수도 있습니다. 네모로 본 그 사람 역시 바르게 본 것입니다. 다만 나와 다른 방향에서 보았기 때문에 네모로 보았을 뿐입니다. 그런데 그 사람에게 세모로 보지 못하고 네모로 보았다며 틀렸다고 하면 어떻게 될까요?

세모로 본 사람이 네모로 본 사람에게 틀렸다고 하고, 네모로 본 사람은 다시 세모로 본 사람에게 틀렸다고 공격한다면 세상에는 온통 어리석은 사람들만 있게 될 것입니다. 그리고 그 어리석은 무리들 가운데는 자기 자신도 들어 있을 것입니다.

그런데 만약 세모로 본 사람이 네모로 본 사람을 맞다고 인정하고, 네모로 본 사람도 세모로 본 사람을 옳게 보았다고 인정한다면 어떻게 될까요? 세상에는 모두 지혜로운 사람들만 있게 될 것입니다. 그리고 그 지혜로운 사람들 가운데는 자기 자신도 들어 있게 될 것입니다. 어리석은 사람이 되는 것과 지혜로운 사람이 되는 것은 이처럼 한순간입니다.

안목眼目
세상에서 가장 귀한 눈

중국 조나라 때 화씨벽이라는 아주 귀한 구슬이 있었습니다. 이 구슬은 대대로 돌을 캐던 화씨라는 사람이 캔 것인데, 화씨는 이 진귀한 구슬을 요왕에게 바쳤습니다.

그런데 요왕 눈에는 하찮은 돌덩이로밖에 보이지 않았습니다. 요왕은 돌덩이를 구슬이라 속인다 하여 화씨의 발을 자르고 쫓아내고 말았습니다.

요왕이 죽은 뒤 무왕이 나라를 다스렸습니다. 화씨는 또 그 구슬을 가지고 왕에게 갔습니다. 하지만 무왕도 자신을 속이려고 한다며 성한 한쪽 발마저 잘라버렸습니다.

화씨는 다시 구슬을 가지고 집으로 돌아왔습니다. 그 뒤 무왕이 죽고 선왕이 나라를 다스리자 다시 구슬을 가지고 왕에게 갔습니다. 구슬을 본 선왕은 크게 기뻐하면서 "두 왕이 안목이 없어 착한 백성의 다리만 해쳤구나." 하며 보상을 해주고, 그 구슬을 나라에 보관하

게 했습니다. 훗날 그 구슬은 조나라와 진나라가 서로 차지하려고 큰 싸움을 벌일 만큼 귀한 보물이 되었습니다.

  이런 이야기는 널리 전해져 알고는 있으나 소견을 넓힐 생각을 하지 않는 것이 문제입니다. 사람들은 늘 귀하고 좋은 것들을 찾아 헤매지만 귀하고 좋은 것을 알아볼 줄 아는 눈이 없으면 아무 소용이 없습니다. 다이아몬드를 쥐고 있으면서도 다이아몬드를 알아볼 줄 아는 눈이 없으면 그것은 값싼 유리조각에 지나지 않습니다. 안목을 키우십시오. 가까이 있는 보물들을 발견하게 될 것입니다.

식병識病
아는 것이 병이다

식병識病은 깨우침의 길목에서 가장 경계해야 하는 것 가운데 한 가지입니다. 중생은 늘 식병에 걸려 넘어지고, 보살은 자신이 깨달았다는 것을 여의지 못해 넘어집니다.

이웃나라 일본에서 있었던 이야기입니다. 차를 잘 우려내기로 이름난 스님이 있었습니다. 어느 큰 사찰의 주지였는데, 그 스님이 차를 우려내면 맛이 달라 고위 정치인들도 자주 차를 마시러 왔습니다.

어느 날 장관들이 회의를 마치고 차를 마시기 위해 스님에게 갔습니다. 스님은 장관들을 방으로 안내한 뒤, 차를 끓이려고 나갔습니다. 그때 마침 농림대신이 절을 둘러보다가 어떻게 차를 우려내기에 그토록 맛이 좋은지 궁금해 차를 우려내는 모습을 문틈으로 엿보게 되었습니다.

찻물을 끓이고 있던 스님은 너무 더워서 땀을 비 오듯 흘리고 있었습니다. 그런데 흐르는 땀을 쭉 훑어서는 찻물에 넣고, 콧물이 나

오니 콧물도 걷어 찻물에 넣는 것이었습니다. 이것을 본 농림대신은 너무 놀라 차를 마시지 말아야겠다고 마음먹었습니다.

잠시 뒤 가사를 위엄있게 차려입은 스님이 차를 가지고 들어왔습니다. 농림대신은 아무렇지 않게 차를 내오는 스님 모습에 화가 났습니다. 그래서 스님이 자리에 앉자마자 화난 얼굴로 물었습니다.

"스님, 세상에서 가장 더러운 것이 무엇입니까?"

그러자 스님은 이렇게 대답했습니다.

"예, 그것은 바로 사람의 눈깔이올시다."

스님의 한마디에 농림대신은 크게 깨닫고 엎드려 큰절을 올렸다고 합니다.

진리眞理
진리를 실천할 때 부처를 만나게 된다

무지無知의 상태에 있을 때 사람들은 부처가 특정한 모양을 지닌 존재라고 생각하고 바깥세상에서 사물을 보는 것처럼 제 눈으로 부처를 보고 싶어합니다. 하지만 그런 일은 결코 일어나지 않습니다. 왜냐하면 부처는 진리眞理이기 때문입니다. 그러므로 말과 행동 속에서 진리를 실천해나갈 때 무지가 사라지고 비로소 부처가 드러나게 됩니다.

당랑거철螳螂拒轍
있을 만한 곳에 있고, 갈 만한 곳에 가다

제나라 장공莊公이 수레를 타고 사냥을 나갔습니다. 그런데 갑자기 벌레 한 마리가 달려오더니 다리를 쳐들고 수레바퀴에 대들었습니다. 이에 장공이 신하에게 물었습니다.

"저건 무슨 벌레더냐?"

"사마귀입니다. 사마귀는 앞으로 나갈 줄만 알지 뒤로 물러날 줄을 모릅니다. 자기 힘은 헤아리지 않고 늘 상대를 가볍게 봅니다."

이 말에 장공은 '저 벌레가 사람으로 태어났다면 참으로 훌륭한 장수가 되었을 것'이라며 수레를 돌려 사마귀를 피해 갔다고 합니다. 여기에서 비롯된 말이 당랑거철螳螂拒轍입니다. 다행히 사마귀가 장공 같은 위인을 만났기 때문에 살 수 있었지만 평범한 사람을 만났더라면 틀림없이 수레바퀴에 깔려 죽고 말았을 것입니다.

사람이란 있을 만한 곳에 있고, 갈 만한 곳에 가고, 앉을 만한 곳에 앉아야 합니다. 세상을 살아가면서 크고 작게 탈이 나는 것은 있을 만한 곳에 있지 않고, 갈 만한 곳에 가지 않고, 앉을 만한 곳에 앉지 않기 때문입니다.

  그러므로 지금 내가 있는 곳이 어떤 곳인지 늘 살필줄 아는 지혜가 필요합니다. 이것만 제대로 해도 크게 낭패당하는 일은 없어질 것입니다. 그렇지 않으면 제 분수를 모른 채 수레바퀴에 대드는 사마귀 꼴이 되고 말 것입니다.

오행五行
이치를 알면 어떤 싸움에서도 이길 수 있다

사람이 모여 사는 세상에는 늘 다툼이 있습니다. 다툼이 커지면 전쟁이 됩니다. 그러다 보니 인류 역사에서 전쟁은 늘 있어 왔습니다. 그런데 그 모양새를 살펴보면 세상이 돌아가는 이치와 딱 맞아떨어진다는 것을 알 수 있습니다. 그러므로 그 이치를 잘 알면 모든 싸움에서 이길 수 있습니다.

맨 처음 사람들 사이에서 전쟁이 일어났을 때, 사람들은 맨주먹으로 싸웠습니다. 그리하여 힘센 사람이 이겼습니다. 곧, 몸으로 싸운 것입니다.

그러다가 점점 규모가 커지고 조직을 갖추게 되니 몽둥이를 들고 싸우는 전쟁으로 바뀌었습니다. 이는 몽둥이 하나가 열 사람의 주먹을 이길 수 있는 이치 때문입니다.

시간이 흘렀습니다. 몽둥이를 들고 싸우던 무리 가운데 누군가가 창과 칼을 들고 나타났습니다. 바야흐로 금金의 전쟁이 시작된 것입니다. 나무 몽둥이와 창칼이 싸우면 누가 이길까요? 당연히 창과 칼이 이깁니다. 이는 쇠가 나무를 이기는 이치 때문입니다. 이로써 세상은 창과 칼이 다스리는 곳이 되었습니다.

하지만 어느 상태든 끝점에 이르면 바뀌기 마련입니다. 이 또한 세상의 이치입니다. 금金이 세상을 장악했다고 해서 영원히 금金의 힘이 계속되는 것은 아닙니다. 실제로 세월이 지나자 쇠를 이기는 무기가 나왔습니다. 그것은 화火였습니다. 화약에 의해 기능을 발휘하는 총과 폭탄을 두고 하는 말입니다. 불이 쇠를 녹이니 이것이 불이 쇠를 이기는 이치입니다.

하지만 불의 전쟁도 영원하지는 않습니다. 불을 이용한 전쟁이 끝에 다다르면 불을 이기는 물의 전쟁 시대로 넘어가게 됩니다. 오늘날 불을 이용한 원자폭탄보다 물을 이용한 수소폭탄의 위력이 더 셉니다. 따라서 지금 우리는 수水의 전쟁, 곧 수소폭탄 시대까지 와 있

습니다.

  그렇다면 다음에는 어떤 것이 기다리고 있을까요? 수水를 이기는 것은 흙입니다. 하지만 옛날에는 맨주먹으로 싸웠지만 앞으로는 두뇌의 싸움이 시작될 것입니다. 사람 중심의 시대가 수소폭탄 시대를 누를 때가 올 것이라는 이야기입니다. 다른 말로 하면 사람이 다스리는 세상, 곧 덕德이 세상을 다스리는 그런 시대가 온다는 뜻입니다.

  이처럼 한낱 전쟁에서 이기고 지는 것도 그냥 이기고 지는 것이 아니라 이치에 따라 이기고 지는 것임을 알 수 있습니다. 흙이 나무를 이길 수 없고, 나무가 쇠를 이길 수 없는 그런 이치에 따른 결과 말입니다.

  세상에는 사람의 힘으로 되지 않는 것이 많습니다. 이때 필요한 것이 이치를 알아차리는 것입니다. 지혜로운 사람은 이치를 잘 아는 사람입니다. 이치를 잘 알면 힘의 뿌리를 정확하게 알 수 있어 재빨리 대처할 수 있습니다. 그리하여 어떤 싸움에서도 이길 수 있습니다. 물론 여기에는 자기 자신과의 싸움도 들어 있습니다.

길道
나는 지금 어떤 길을 걷고 있는가?

세상에는 남이 만들어 놓은 길을 따라가는 사람이 있고, 스스로 길을 만들며 가는 사람이 있습니다. 그리고 남이 만들어 놓은 좋은 길을 마다하고 엉뚱한 길을 힘겹게 가는 사람도 있습니다. 스스로 좋은 길을 만들 줄 모른다면 적어도 지혜로운 사람이 만들어 놓은 길을 따라갈 줄 아는 소견은 있어야 합니다. 여러분은 지금 어떤 길을 가고 있습니까?

소견所見
소견이 깊고 넓은 만큼 세상을 보는 눈이 달라진다

어릴 때 출가해 절에서 10리 밖을 나가 본 적이 없는 어느 스님이 있었습니다. 결제철이 되면 곳곳에서 많은 스님들이 모여들었는데, 다른 스님들이 동해 바다에 대해 말하는 것을 듣고 이렇게 물었습니다.

"동해 바다가 금강연만큼 큽니까?"

금강연은 절 앞에 있는 작은 연못의 이름이었는데, 그 스님은 큰 물이라고는 금강연 말고 본 적이 없으니 그것에 빗대어 바다를 떠올렸던 것입니다. 이것이 사람의 소견입니다.

옛날 중국 오나라에 겨울 찬물에 빨래를 해도 손이 트지 않는 약을 만들 줄 알아 대대로 남의 빨래를 해주고 사는 젊은 부부가 있었습니다.

하루는 손이 트지 않는 약이 있다는 소문을 들은 어떤 나그네가 그들을 찾아와 돈 100냥을 주면서 기술을 가르쳐 달라고 했습니다.

평생 일해도 만져볼 수 없는 큰돈이었기 때문에 부부는 의논 끝에 기술을 가르쳐 주었습니다. 나그네는 기술을 배워 자기 나라로 돌아갔습니다.

그런데 얼마 뒤, 오나라는 강 건너 월나라와 수전水戰을 벌이게 되었습니다. 추운 겨울이라 병사들의 손발이 터서 여간 어려움이 크지 않았는데, 그 나그네가 약을 만들어 나누어주자 병사들의 손이 트지 않게 되어 전쟁에서 이길 수 있었습니다. 그러자 나라에서 나그네에게 상으로 성城을 주었습니다. 그리하여 단번에 성주城主가 되었습니다.

이것이 소견입니다. 손이 트지 않는 약을 만들 줄 아는 것은 똑같지만 한 사람은 자기 손 트는 데만 바를 줄 알았고, 한 사람은 많은 사람들의 손에 바를 줄 알았던 것입니다. 그러다 보니 한 사람은 대대로 빨래 품팔이로 먹고 살았고, 한 사람은 단번에 성주가 되었으니 소견이 다른 것입니다.

　세상을 어떻게 사느냐 하는 것은 소견에 달려 있습니다. 소견이 좁은 사람은 눈앞의 작은 세계가 전부인 줄 알기 때문에 어리석은 생각과 판단에서 벗어나지 못합니다. 또 귀한 것을 손에 들고 있으면서도 그것이 얼마나 귀한지 몰라 제대로 그 가치를 발휘하지 못하기도 합니다.

　소견을 키우십시오. 공부를 하고 수행을 하는 것도 모두 소견을 키우기 위한 것입니다. 소견이 깊어지고 넓어지는 만큼 보이는 세상도 달라집니다.

정체성 正體性
한 몸이면서 동시에 한 몸이 아니다

나는 한 몸이지만 또한 한 몸이 아닙니다.

나는 여자입니다. 그래서 누군가의 딸이기도 하고, 부인이기도 하며, 엄마이기도 합니다. 때로는 누군가의 고모가 되기도 하고, 이모, 며느리, 형수, 제수, 조카며느리가 되기도 합니다. 이뿐만이 아닙니다. 밖에 나가면 학부모이면서 반대로 선생님이기도 하며 마음씨 좋은 이웃집 아주머니이기도 합니다.

이처럼 몸은 하나지만 우리는 수없이 많은 모습으로 살아갑니다. 한 몸이지만 한 몸이 아닌 것입니다.

남자도 마찬가지입니다. 집에서는 아버지요, 남편이고, 또 아들이요, 형이기도 합니다. 그리고 할아버지이기도 하고 반대로 누군가의 손자가 되기도 합니다. 이뿐이 아닙니다. 때로는 작은아버지, 이모부, 고모부가 되기도 합니다.

밖에 나가면 또 다른 모습으로 존재합니다. 회사의 말단 직원이면서 동호회 회장이거나 조기축구회 선수이기도 합니다. 이처럼 한 몸이지만 동시에 여러 몸이기도 합니다.

　한 몸이지만 여러 가지 모습으로 살고 있는 우리는 각각의 자리에서 각각의 소임에 충실해야 합니다. 그런데 아들로서의 소임은 다하면서 아버지로서의 소임에는 소홀하지 않습니까? 어머니로서의 소임은 넘치게 하면서 딸로서의 소임은 모자라게 하지는 않습니까? 집안에서는 잘하면서 집 밖에 나가면 온통 무관심으로 일관하지는 않습니까? 반대로 집 밖에서는 무엇이든 적극적이면서 집안에서는 무관심하지 않습니까?

　어느 하나라도 소홀히 할 수 없는 것이 우리네 삶입니다. 그리고 어느 하나를 넘치게 잘한다고 해서 어느 하나는 못해도 된다는 정당성은 주어지지 않습니다. 우리는 늘 각각의 모습으로 각각의 자리에서 온전한 모습으로 존재하기 때문입니다.

그러므로 어느 자리에 있든지 그 자리에서 최선을 다해야 합니다. 이때 우리에게 도움이 되는 것이 스스로에게 묻는 '나는 누구인가?'라는 질문입니다. 스스로에게 던지는 이 질문은 우리로 하여금 각각의 자리에서 온 힘을 다할 수 있도록 마음을 다잡게 할 것입니다.

신분상승 身分上乘
자아를 버리고 무아를 향해 자신을 향상시키는 과정

사람들은 누구나 신분 상승을 바랍니다. 하지만 쉽게 이룰 수 있는 것이 아닙니다. 그러다 보니 자신들이 이루지 못한 것을 자식들에게 바라는 사람들도 있습니다.

때로 자식들을 통해 이루려고 하는 신분 상승의 꿈이 너무나 강해 잘못된 방법으로 자식들을 키우는 바람에 오히려 자식들을 속물로 만들어 신분 상승을 이루기도 전에 가정이 풍비박산 나는 경우도 있습니다. 참된 의미의 신분 상승이 무엇인 줄 모르기 때문에 벌어지는 안타까운 모습들입니다.

신분 상승은 인격 상승과 함께 이루어져야 합니다. 단지 좋은 대학을 나와 돈을 많이 벌고, 높은 지위를 이용해 자신의 꿈을 마음껏 펼치고, 많은 아랫사람들을 거느린다고 신분이 올라가는 것은 아닙니다. 아무리 돈이 많고 지위가 높아져도 높은 인격이 뒤따르지 않으면 신분 상승은 결코 이루어지지 않습니다. 그러므로 제대로 말하

면 신분 상승이란 인격 상승을 말합니다.

 그렇다면 인격 상승은 어떻게 이루어지는 것일까요? 인격 상승은 스스로를 향상시키는 것을 뜻합니다. 생각을 향상시키고, 가치관을 향상시키고, 행동을 향상시키는 과정에서 인격이 높아집니다.

 이것은 현실 속에서 가진 것을 나누고, 잘난 점은 숨기고, 남 앞에서는 겸손하고, 불의 앞에서는 용감한 모습을 통해 이루어집니다. 이것이 인격자의 모습입니다.

 이러한 모습은 자신을 내세우지 않고 스스로 무아無我가 될 때 가능한 것입니다. 따라서 신분 상승이란 인격 상승을 말하고, 인격 상승은 자아自我를 버리고 무아無我를 향해 스스로를 향상시키는 과정이라 할 수 있습니다.

의식意識
지위는 당대를 가고 높은 의식은 천 년을 간다

사람들 가운데는 지위가 높아도 의식意識이 낮은 사람이 있고, 돈이 없고 가난해도 의식이 높은 사람이 있습니다. 그런데 세상 사람들은 지위가 높고 돈이 많은 사람에게 몰려듭니다. 그러다가 지위가 떨어지고 돈이 없어지면 사람들은 흩어지고 맙니다. 지위와 돈을 보고 좇아갔기 때문입니다. 하지만 의식이 높고, 소견이 높으면 언제나 사람들이 떠나지 않습니다.

공자와 친하게 지내던 안자라는 사람이 있었습니다. 공자는 서당 선생이고 안자는 재상이었으므로 사람들은 당연히 안자를 더 많이 따랐습니다. 그때 공자는 요즘 말로 하면, 동네 통·반장을 하려고 해도 안자가 반대해 어느 것 하나 제대로 할 수가 없었습니다. 결국 공자는 일생을 이 나라 저 나라 옮겨다니며 살아야 했습니다.

그런데 지금 어떻습니까? 살아있을 때는 안자 주변에 사람들이 많았지만 2천 5백 년이 지난 지금에는 공자만 있습니다. 안자가 공

자의 친구였는지, 안자라는 사람이 있었는지도 모릅니다.

장자와 친했던 혜자라는 사람이 있습니다. 뒤에 혜자는 재상이 되었는데, 재상이 되고 나서 늘 장자를 경계했습니다. 어느 날 장자는 세상을 돌아다니다가 혜자가 보고 싶어 찾아간 적이 있습니다. 그러자 혜자는 자기 자리를 뺏으러 왔다고 생각해 만나주지 않았습니다. 자리를 주어도 오히려 마다할 장자를 두려워했던 것입니다.

사정을 눈치 챈 장자는 "봉황은 오동나무가 아니면 앉지 않고, 대나무 열매가 아니면 먹지 않는다."는 말을 남기고는 그냥 돌아갔다고 합니다.

그런데 오늘날 어떻습니까? 살아있을 때는 혜자의 힘이 컸지만 2천 5백 년이 지난 오늘날 혜자는 흔적없이 사라지고 말았습니다. 하지만 장자는 여전히 사람들 가슴속에 남아 있습니다. 이것이 높은 의식의 힘입니다.

삼달덕三達德
지도자는 합리적이고, 인간적이고, 용감해야 한다

요즘 사람들은 참된 지도자 상을 많이 이야기합니다. 그렇다면 참된 지도자 상이란 과연 어떤 것일까요?

강한 지도력을 갖고 다른 사람들을 이끌기 위해서는 먼저 인격자가 되어야 하고, 인격자가 되기 위해서는 반드시 갖추어야 할 덕목이 있습니다. 지知와 인仁과 용勇이 그것입니다. 이를 두고 삼달덕三達德이라 합니다.

참된 지도자는 반드시 합리적이고, 인간적이고, 발전적이어야 합니다. 이때 합리적이란 지知의 덕을 말하고, 인간적이란 인仁의 덕을, 발전적이란 용勇의 덕을 말합니다.

합리적이란 천하의 논리를 알지 못하는 것이 없어야 함을 말하고, 인간적이란 천하의 만물을 사랑하지 않는 것이 없어야 함을 말하고, 발전적이란 천하의 일을 주관하지 못할 것이 없어야 함을 말합니다. 그래야만 참된 지도자로서 사람들을 올바로 이끌 수 있습니다.

만약 지혜롭지는 못하고 인자하고 용기만 있는 사람이 지도자가 된다면 사람들을 올바르지 못한 곳으로 이끌게 됩니다. 인자하지는 못하고 지혜롭고 용기만 있는 사람이 지도자가 되면 목표를 향해 나아가는 동안 사람들을 힘들게 합니다. 용기는 없으면서 지혜롭고 인자하기만 한 사람이 지도자가 되면 올바른 곳으로 사람들을 힘있게 끌고 가지 못하게 됩니다.

무릇 참된 지도자란 삼달덕을 갖추어 머리는 지혜롭고, 마음은 인자롭고, 행동은 용감해야 합니다. 어느 것 하나라도 빠진다면 참된 지도자라 할 수 없습니다.

불치하문不恥下問
아랫사람에게 묻기를 부끄러워하지 않다

순임금은 남이 말하는 것을 잘 새겨듣고, 남에게 묻는 것을 좋아했다고 합니다. 그런데 다른 사람에게 뭔가를 묻는다는 것은 그렇게 쉬운 일이 아닙니다. 자기를 없애고, 자기를 낮춰야만 물을 수 있기 때문입니다. 더구나 자기보다 아랫사람에게 묻는 것은 더욱 쉽지 않습니다.

춘추시대 위나라에 공어孔圉라는 사람이 있었습니다. 그의 시호가 문文이었으므로 사람들은 그를 공문자孔文子라고 불렀습니다. 시호에 '문文' 자가 들어간다는 것은 무척 훌륭한 사람임을 뜻합니다.

하지만 공문자는 살아있을 때 사람들로부터 그다지 존경을 받지 못하던 사람이었습니다. 그런데도 왕으로부터 문文이라는 시호를 받아 공문자가 되었던 것입니다. 그래서 공자의 제자인 자공이 스승에게 물었습니다.

"공어는 제가 알기로 그다지 훌륭한 인물이 아니었는데 어찌하여

'문文' 자가 들어간 시호를 받을 수 있었습니까?"

그러자 공자는 이렇게 말했습니다.

"공문자가 행실에 있어 어느 정도 문제가 있었던 것은 사실이다. 하지만 그는 배우기를 좋아하고, 아랫사람에게도 묻기를 부끄러워하지 않았다. '문文' 자가 들어간 시호를 받은 것은 세상 사람들이 그의 불치하문不恥下問을 높이 샀기 때문이다."

이처럼 큰 허물도 덮을 수 있을 만큼 높은 가치를 지닌 것이 아랫사람에게도 묻기를 부끄러워하지 않는 마음가짐입니다.

공자도 구슬에 실을 꿰는 방법을 몰라 시골 아낙에게 물었던 적이 있습니다. 어느 날 구멍이 아홉이나 되는 진귀한 구슬을 얻은 공자는 구슬에 실을 꿰어 보려고 했지만 아무리 해도 할 수가 없었습니다. 그러다가 문득 바느질하는 아낙이라면 어렵지 않게 꿸 수 있을 것이라는 생각에 뽕잎을 따고 있던 아낙에게 물어보았습니다.

그러자 아낙은 "꿀을 두고 찬찬히 생각해 보십시오."라고 했다고 합니다.

이 말에 깨달음을 얻은 공자는 개미 한 마리를 잡아 허리에 실을 묶어 구슬 한쪽 구멍으로 밀어 넣고는 반대쪽 구멍에 꿀을 발라 놓았습니다. 그러자 꿀 냄새를 맡은 개미가 반대쪽 구멍으로 기어 나왔다고 합니다. 이리하여 구슬에 실을 꿸 수 있었습니다. 이처럼 천하의 공자도 시골 아낙에게 묻기를 부끄러워하지 않았습니다.

아랫사람에게 묻기를 부끄러워하지 않는다는 것은 늘 겸손한 자세를 잊지 않는다는 것을 뜻합니다. 그리고 그 답에 귀를 기울일 준비가 되어 있다는 뜻이기도 합니다. 따라서 불치하문의 자세란 늘 겸손하게 다른 사람의 말에 귀를 기울이고, 모르는 것이 나오면 즐겨 묻는 것을 뜻하므로 다른 사람 앞에서 자기 자신을 내세우거나 자기 자신에게 집착하지 않는 것을 말합니다.

세상을 살다 보면 남에게 물어보아야 해결할 수 있는 일들이 참 많습니다. 그리고 아랫사람에게 물어보아야 할 때도 있습니다. 이때 우리에게 필요한 가르침이 불치하문의 자세입니다.

하심下心
낮출 수 있는 대로 낮추면 가장 높아진다

지위가 높을수록 몸을 낮추고, 공부가 높을수록 마음을 낮게 가져야 합니다. 이것이 하심下心입니다.

하심은 다른 사람을 진실로 존중하는 데 있고, 다른 사람을 내 몸같이 사랑하는 데 있습니다. 하심은 그 누구도 차별하지 않고, 자리에 앉고 설 때는 작고 낮은 자리를 찾고, 좋은 것은 남에게 돌리고, 고되고 천한 일은 자기 몫으로 돌리며, 남의 허물은 보지 않고 늘 자기 허물을 보고 반성하는 거기에 있습니다.

부처님께서는 하심을 몸소 보여주기 위해 친히 걸식을 했습니다. 마음을 아무리 낮춘다 해도 음식을 얻어먹는 것만큼 낮출 수는 없습니다. 부처님은 차례로 일곱 집을 탁발한 뒤, 음식의 많고 적음과 맛이 있고 없고를 따지지 않고 모자라면 모자란 대로 맛없으면 맛없는 대로 먹었습니다. 이것이 진정한 하심입니다.

삼인三人
자기중심으로 생각하고 판단하고 행동하지 않는다

장자는 세 가지 모습의 사람이 있다고 했습니다. 인격화된 사람, 신격화된 사람, 성인화된 사람입니다.

인격화된 사람은 공부를 해서 인격이 완성된 사람입니다. 이런 사람을 지인至人 곧, 지극한 사람이라고 합니다. 그렇다면 어느 경지에 가야 지인이 될 수 있을까요? 무기無己, 곧 자기가 없는 경지에 이르러야 지인이라고 했습니다. 자기가 없는 사람이 지인이고 인격화된 사람입니다. 자기를 내세우지 않는 사람, 자기중심으로 생각하고 판단하고 행동하지 않는 사람이 인격화된 사람입니다.

《금강경》에서 말하는 무아상無我相과 《장자》의 무기無己는 같은 뜻입니다. 자기를 내세우고, 자기중심으로 생각하고 판단하고 행동하는 것이 아상我相이고, 자기를 내세우지 않고, 자기중심으로 생각하고 판단하고 행동하지 않는 것이 무아상無我相이기 때문입니다.

세상에는 돈이 많고 지위가 높다는 이유로 다른 사람을 이끄는 경

우가 많습니다. 하지만 다른 사람을 이끌려면 돈이 많고 지위가 높기 앞서 인격을 갖추어야 합니다. 인격을 갖추지 못한 사람이 지도자가 되어 앞장서면 자신뿐만 아니라 다른 사람에게도 해가 됩니다.

그 다음은 신격화된 사람입니다. 신격화된 사람은 무공無功이라 했습니다. 크고 대단한 것을 이루어 놓고도 스스로 공을 내세우지 않는 사람을 말합니다. 그런데 세상에는 보잘것없는 것을 해놓고도 스스로 떠벌리기 좋아하는 사람들이 많습니다. 이런 사람들은 공을 놓고 다투기 좋아하고, 자기를 내세우기 좋아합니다. 이를 두고 중생상衆生相이라 합니다.

하지만 모든 행동이 중생을 위한 것이 되게 하려면 공을 내세우지 않는 무공無功이 되어야 하고, 중생상이 없는 무중생상無衆生相을 이루어야 합니다. 완성된 마음을 중생을 위해서 쓰고, 썼다는 마음조차 없애야만 신격화된 사람이고 중생상이 없는 사람입니다. 그러므로 《금강경》의 무중생상과 《장자》의 무공이 같은 뜻이라 할 수 있습니다. 큰 공을 세우고도 그 공에 집착하지 않고, 큰 재산을 이루고도 그 재산에 집착하지 않고 다른 사람을 위해 쓸 줄 아는 사람이 신격화된 사람입니다.

그 다음은 성인聖人의 경지에 오른 사람입니다. 이를 두고 《장자》에서는 무명無名이라 했습니다. 세상 만물에는 모두 이름이 있습니다. 아무리 보잘것없는 것에도 이름이 있습니다. 그러므로 무명無名이란 만들어져 세상에 나오기 전의 것을 가리킵니다. 곧, 이 세상이 만들어지기 전의 자리가 무명의 자리입니다.

이름이 없는 자리이므로 오고 감이 없습니다. 오지 않았으니 저절로 갈 곳도 없습니다. 태어나지 않았으니 죽음도 없습니다. 그러므로 오래 살아야겠다는 욕심도 없습니다.

세상에 태어난 모든 사람들은 목숨에 대한 애착 때문에 큰 병이

들면 몇 년 더 살았으면 좋겠다고 생각하고, 급하면 몇 달 더 살기를 바라고, 막 숨이 넘어갈 때는 단 며칠만이라도 더 살기를 바라는 수자상壽者相을 가지고 있습니다. 그런데 성인의 경지에 오르게 되면 이처럼 오래 살고 싶은 마음마저 끊어진 상태가 됩니다. 성인만이 죽음 앞에서 초연할 수 있습니다. 《금강경》에서 말하는 수자상이 없는 자리가 바로 성인의 자리인 것입니다.

윤회輪廻
어제와 오늘이 똑같지만 어제는 오늘이 아니다

하루 24시간, 모든 시간이 똑같은 시간인데 어느 한순간 똑같은 시간이 없습니다. 날도 마찬가지입니다. 어제와 오늘이 똑같은 날이지만 오늘은 어제와 같지 않습니다. 해도 마찬가지입니다. 지난해와 올해가 같은 해이지만 올해는 또 다른 해입니다. 이것을 '수레바퀴 윤輪' 자와 '돌 회廻' 자를 써서 윤회輪廻라고 합니다.

어떤 종교에서 윤회를 말한다고 해서 윤회가 있고, 윤회를 말하지 않는다고 해서 윤회가 없는 것은 아닙니다. 불교에서 윤회를 말하지 않아도 세상은 한순간도 가만히 있지 않고 돌고 있습니다. 그저 그것에 윤회라는 이름을 붙였을 뿐입니다.

그런데 불교에서 윤회를 말한다고 해서 윤회가 있는 것처럼 알아듣는 사람들이 있습니다. 진리는 누가 말해서 있고, 말하지 않는다고 해서 없는 것이 아닙니다. 말을 해도 있고, 말을 하지 않아도 있는 것이 진리입니다.

  윤회에도 정해진 틀이 있습니다. 그 틀을 분명하게 해놓은 것이 십이연기十二緣起입니다. 윤회는 이 십이연기에 바탕을 두고 있습니다.

  이 세상에는 그냥 있는 것이 하나도 없습니다. 헤아릴 수 없이 많은 별들도 모두 자기의 길이 있습니다. 우리가 사는 지구만 해도 약 시속 10만 8천 킬로미터라는 엄청난 속도로 태양 주위를 돌고 있습니다. 이처럼 세상 모든 것은 정해진 공간과 시간의 규칙에 따라 움직이고 있고, 그 규칙이 하나만 깨져도 하늘과 땅이 뒤섞여 큰 혼란이 오고 맙니다.

방석 한 장 위에 스스로
몸을 묶고 마음을 묶다

2장

의문疑問
눈에 보이는 온갖 것의 이치에 대해 궁금해하다

참선參禪이란 모든 사물에 대해 의문이 일어나고 모든 이치에 대해 의문이 일어날 때 단순한 호기심으로 잠깐 궁금해하는 것이 아니라, 간절한 마음으로 궁금해하고, 의문에 깊이 빠져 무아無我의 경지가 되고, 무아의 경지에서 더욱 몰입해 의문이 완전히 사라질 때까지 그 상태를 지켜나가는 것을 말합니다.

여기서 갖게 되는 의문은 우주의 참모습에 대한 의문이고, 삶과 죽음의 자리에 대한 의문이고, 나는 누구인가에 대한 의문이고, 내가 태어나기 이전의 모습에 대한 의문이고, 무엇이 세상 모든 것을 움직이게 하는지에 대한 의문이고, 눈에 보이는 온갖 것의 이치에 대한 의문이 되어야 합니다.

그러므로 참선이란 사물에 대한 깊은 통찰력을 기르고, 자기 자신의 내면세계를 들여다보는 공부라 할 수 있습니다.

좌선坐禪
고요한 곳을 찾아가 편안하게 앉다

　　　　　　좌선坐禪을 할 때는 고요한 곳에서 방석을 두껍게 깔고 허리띠를 느슨하게 하여 편안하게 앉아 결가부좌 하되, 먼저 오른발을 왼쪽 넓적다리 위에 놓고 왼발을 오른쪽 넓적다리 위에 놓으면 됩니다. 반가부좌를 해도 좋은데, 이때는 왼발로 오른발을 누르면 됩니다.

　다음에는 왼발 위에 오른손을 놓고, 오른손 바닥에 왼손 손등이 닿도록 놓되, 두 손의 엄지손가락이 서로 끝을 맞대게 한 뒤 천천히 몸을 세워 허리를 반듯하게 하는 것이 단정한 좌법坐法입니다.

　이때 몸이 왼쪽으로 기울거나 오른쪽으로 치우쳐도 안 되며, 앞으로 구부러지거나 뒤로 젖혀져도 안 됩니다. 허리와 등, 머리와 목이 서로 일직선이 되도록 하되, 모습이 조각상처럼 딱딱해서도 안 됩니다. 그러므로 몸을 지나치게 곧게 세워서도 안 되며, 호흡이 가빠 불안하게 되어도 안 됩니다.

   귀와 어깨는 나란히 되도록 하고, 코와 배꼽이 일직선이 되도록 하며, 혀는 입천장 앞쪽에 자연스럽게 대고 입술과 이는 맞붙여야 합니다. 그리고 중요한 것은 반드시 눈은 가늘게 떠야 정신이 몽롱해지고 졸리운 것에서 벗어날 수 있습니다.
   마지막으로 좌선을 끝낼 때는 천천히 몸을 움직여 편안하고 조심스럽게 일어나야 합니다.
   이렇게 해서 간절한 의문이 일어나기 시작해서 풀리게 되면, 계속해서 되풀이하여 의문이 끊어질 때까지 꾸준히 해야 합니다.

집중集中
눈길 가는 곳에 마음을 붙들어 매다

참선을 할 때 왜 정신을 한곳에 모아야 할까요? 처음 참선을 배울 때, 앉은 자리에서 손 끝 닿는 곳을 눈으로 찍어 그곳에 눈길을 붙들어 매게 합니다.

그때 마음은 어떻게 해야 할까요? 눈을 한곳에 붙들어 매고, 마음도 그 자리에 있게 해야 합니다. 눈길을 붙들어 맨 그곳에 계속 마음을 갖다 놓으면 사마타 곧, 지止의 수행이 이루어집니다. 눈길을 한곳에 붙들어 매놓으면 마음도 그곳에 매입니다. 그렇지 않고 그냥 앉아 있으면 이 생각 저 생각 끊임없이 잡념이 일어납니다.

눈을 한곳에 철저하게 붙들어 매고, 마음도 철저히 자신을 되돌아 볼 수 있을 때 비로소 '앉을 줄 안다'라고 할 수 있습니다. 이때 더 잘하고 싶으면 화두를 들면 됩니다. '이 뭣고?' 같은 화두가 대표적이라 할 수 있습니다.

화두는 사람에 따라 다르게 들 수 있습니다. 의문하는 바가 서로 다르기 때문입니다. 어떤 이는 삶이 궁금하고 어떤 이는 죽음이 궁금하듯 화두는 사람에 따라 다르게 들 수 있습니다.

화두話頭
얼마나 간절하고 간절한가

화두는 의문을 두고 하는 말입니다. 의문이 없는 사람은 없습니다. 문제는 그 의문이 얼마나 간절한가입니다. 간절해야 풀리기 때문입니다.

내가 모셨던 탄허 스님은 부처님의 경전을 기초부터 화엄경까지 모두 우리말로 옮기셨는데, 방 안에 사전이 한 권도 없었습니다. 사전 한 권 없이 그 많은 분량을 우리말로 옮겼다는 것은 경전 내용을 모두 알고 계셨다는 뜻입니다.

탄허 스님께서 마지막으로 번역하신 책이 《주역》이었습니다. 스님은 주역 가운데 산풍고山豊蠱 괘를 번역하다가 문득 제게 '선갑삼일先甲三日 후갑삼일後甲三日이 무엇이냐'고 물으셨습니다. 그런데 그 순간 대답할 길이 없었습니다. 다른 분에게 3년을 배웠는데도 대답할 수가 없었던 것입니다.

그래서 만나는 사람마다 '선갑삼일 후갑삼일이 무엇이냐'고 물어보았지만 아무도 몰랐습니다. 《주역》을 가르치는 여러 사람에게 물어도 모른다고 했습니다.

주역은 법수法數로 이해하고 나서 이치를 이해해야 하는데, 법수로는 이해를 하지만 이치를 이해하기가 무척 어려웠습니다.

그렇게 6개월 동안 의문에 사로잡혀 있다가 어느 날 서울 인사동에서 채 선생이라는 분을 만났습니다. 당시 채 선생은 스스로는 물론 다른 사람들도 인정하는 주역의 대가였습니다.

나는 차를 시켜 놓고, "선갑삼일 후갑삼일이 무엇입니까?" 하고 물었습니다. 그런데 갑자기 채 선생의 얼굴이 귀까지 빨개졌습니다. 자신이 주역에는 제일인 줄 알았는데 법수로는 설명할 수 있으나 이치를 대답할 길이 없으니 얼굴이 빨개졌던 것입니다. 그런데 그 빨개진 얼굴을 본 순간 내 입에서 답이 튀어 나왔습니다. "채 선생님, 혹시 답이 이런 뜻 아니겠습니까?" 그러자 채 선생은 자리에서 벌떡 일어나며 맞다고 했습니다.

화두는 무엇을 드느냐 하는 것은 아무 문제가 되지 않습니다.

중요한 것은 얼마나 간절하냐 하는 것입니다.

몽중일여夢中一如
간절하면 하룻밤을 넘기지 않는다

의문이 터질 때는 계기가 있습니다. 현사玄沙 스님은 너무 화두에 몰두한 나머지 길을 걷다가 돌부리에 걸려 넘어져 무릎을 깼는데, 그 순간 깨달으셨다고 합니다. 그러므로 화두는 얼마만큼 간절하게 드느냐가 문제입니다.

화두를 잡으나 간절하지 않고, 하다 말다 하면 터지지 않습니다. 그러므로 화두를 챙길 줄 알아야 합니다. 그리고 화두가 목숨만큼 간절한지 점검해야 합니다. 화두를 얼마나 간절히 드느냐가 문제이지 화두를 어디에 두느냐 하는 것은 문제가 되지 않습니다.

동정일여動靜一如(언제나 화두를 들다), 몽중일여夢中一如(오매불망 화두만 생각하다), 숙면일여熟眠一如(자면서도 화두를 잊지 않다)의 정신으로 간절해야 합니다. 참으로 간절하면 하룻밤을 넘기지 않습니다.

선禪
버린다는 사실도 버리다

　　　　　　　　조금이라도 얻을 것이 있다면 이미 그것은 선禪이 아닙니다. 짐을 덜어버리려고 하다가 오히려 짐을 더 짊어진 꼴이 되고 말기 때문입니다.

　선禪은 하나씩 버리는 작업입니다. 그리고 본래의 자신에게 돌아가는 작업입니다. 관념을 버리고, 관습적 틀을 버리고, 평생 내 안에 쌓아 놓았던 지식을 버리고, 고집을 버리고, 본 것을 버리고, 들은 것을 버리고, 마지막에 가서는 수행해서 얻은 경지까지도 버려 더 이상 버릴 것이 없어야 본래의 자신에게 돌아갈 수 있습니다.

　버린다는 생각까지도 버린 상태야말로 참으로 선의 궁극적인 도달처입니다. 이것이 참된 선의 세계입니다.

수행修行
홀로 참선의 세계에 빠지다

아주 오래전입니다. 오대산 동관암에서 겨울 한 철을 혼자 보낸 적이 있습니다. 월정사에서 점심을 먹고 올라갔는데, 같이 왔던 스님들이 모두 내려가고 혼자 남으니 대낮인데도 무서움이 밀려와 스님들 뒤를 따라가고 싶은 마음이 크게 일었습니다. 하지만 혼자 있겠다고 마음먹은 터라 내려갈 수가 없었습니다.

무서움을 없애려고 《금강경》과 《제사시식문》을 비롯해 여러 경전들을 소리 내어 읽고 또 읽었습니다. 그런데도 무서움이 사라지지 않고, 세상 만물이 멈추어 선 듯 시간도 가지 않았습니다. 그러다가 어느덧 해가 지고 날이 어두워졌습니다. 그러자 몸과 마음이 안정되면서 오히려 무서움이 사라졌습니다.

그런데 밤이 깊어지자 새로운 무서움이 몰려왔습니다. 그즈음 겨울 오대산에는 눈이 많이 왔습니다. 눈이 오면 길가 전봇대가 뒤덮일

정도로 많이 왔습니다. 그러다 보니 암자 주위에 있는 나무 가지들이 눈의 무게를 이기지 못해 뚝뚝 소리를 내며 꺾어졌는데, 그 소리가 마치 하늘이 무너지고 땅이 꺼지는 듯하여 너무나 무서웠습니다.

그 소리가 들릴 때면 '내일 아침 날이 밝으면 당장 내려가야지' 하고 생각했습니다. 하지만 해가 뜨고 나면 간밤의 무서움을 잊어버리고 홀로 정진을 계속했습니다. 그리고 밤이 되면 또 무서움에 떨곤 했습니다.

그런데 무서움을 참고 며칠을 지내고 나니 어느새 하루 일과가 규칙적으로 돌아가면서 때에 따라 할 일이 생겼습니다. 그러자 공부가 야무지게 되었습니다. 그리하여 처음 마음먹었던 대로 겨울 한 철을 온전히 홀로 보낼 수 있었습니다.

산속 깊은 곳에서 혼자 석 달을 공부한 사람은 세상 밖에서 10년 공부한 사람과 맞먹는다고 했습니다. 그만큼 혼자 있을 때 공부가 잘됩니다. 그러므로 우리는 가끔 혼자 있는 시간을 가지는 것이 좋습니다.

혼자 있는다고 해서 꼭 깊은 산속으로 들어가야 하는 것은 아닙니다. 복잡한 도시에서 세상 사람들과 함께 살면서도 얼마든지 혼자 있는 시간을 가질 수 있습니다.

예컨대 텔레비전을 볼 때도 허리를 반듯이 펴고 앉아 화면에 시선을 집중해 보십시오. 텔레비전을 보면서도 혼자만의 세계에서 참선을 즐길 수 있습니다. 길에서 누군가를 기다릴 때, 시선을 한곳에 붙들어 맨 채 가만히 자신의 내면을 들여다보고 그 소리에 귀 기울여 보십시오. 복잡한 도심 가운데서도 홀로 참선의 세계를 맛볼 수 있을 것입니다.

수치羞恥
부끄러움을 알다

참선은 철저하게 스스로를 채찍질하고 몽둥이로 다그치는 것입니다. 잠시만 앉아 자신을 돌이켜보면 모자람이 그대로 드러나 큰 부끄러움을 느끼게 됩니다. 부끄러움을 알도록 해주는 것이 참선입니다. 사람이 사람인 까닭은 부끄러움을 알기 때문입니다. 그러므로 공부의 큰 성취를 바라지 말고, 큰 허물 없기를 바라야 합니다.

결제結制

방석 한 장 위에 스스로 몸을 묶고 마음을 묶다

출가자들은 음력 4월 15일부터 석 달 동안 여름 안거安居를 하고, 음력 10월 15일부터 석 달 동안 겨울 안거를 합니다. 안거를 시작하는 것을 결제結制라고 하는데, 이 기간에 집중적으로 참선 수행을 합니다.

안거 제도는 부처님 당시부터 있었던 것입니다. 원래 출가자들은 한곳에 머무는 일 없이 탁발걸식 하는 것이 원칙이었는데, 인도에서는 우기雨期가 되면 땅속의 온갖 작은 동물들이 기어 나왔기 때문에 자칫 밟아 죽일 위험이 있었습니다. 그래서 비가 오는 동안에는 우안거雨安居라 하여 한곳에 머물며 수행토록 했는데, 이것이 우리나라로 건너오면서 여름 안거와 겨울 안거가 된 것입니다.

안거는 출가자들의 자기 수행의 시간이지만, 나는 재가자在家者들도 여름 안거와 겨울 안거의 시간을 가지는 것이 좋다고 생각합니다. 물론 출가자들처럼 온종일 참선을 할 수는 없겠지만, 결제 기간

동안 하루에 1시간이든 2시간이든, 여유가 없으면 다만 30분이라도 참선하는 시간을 가진다면 훨씬 더 풍요로운 삶이 될 것입니다.

그래서 나는 도시에 사는 재가자들을 위해 선원에서 두 차례의 결제 기간을 갖습니다. 결제 기간에는 날마다 오후 2시에서 5시까지 집중적으로 참선을 합니다. 많은 사람들이 재가자의 몸으로 결제를 지키기 위해 이 참선에 함께합니다. 그리고 참여하는 사람들은 해마다 늘고 있습니다.

물론 꼭 선원에 나와서 참선을 해야 하는 것은 아닙니다. 그리고 모든 사람들이 반드시 참선을 해야 하는 것도 아닙니다. 중요한 것은 결제 기간 동안만이라도 특별하게 스스로를 되돌아보고, 자기 수행의 시간을 갖는다는 것입니다.

결제는 자기를 스스로 묶는 것입니다. 몸을 묶고 마음을 묶는 것입니다. 그리하여 출가자들은 결제 기간 동안 방석 한 장 공간 위에 스스로를 묶습니다.

  재가자들은 그렇게까지는 못한다 하더라도 결제 기간 동안 수행에 더욱 매진하고 더 절제된 생활을 통해 자기 자신을 더욱 향상시켜야 할 것입니다.

자자自恣
스스로 방자함을 묻다

　　　　　　　　　　석 달에 걸친 안거가 끝나는 날이 되어가면 안거를 함께한 스님들은 한자리에 모여 그동안 계율을 어긴 허물이 있었다면 무엇이든 지적해 달라고 동료 스님들에게 청하는 자리를 갖습니다. 이것을 자자自恣라고 하는데, 차례가 되면 한 스님이 대중 앞에 나와 합장한 뒤, 먼저 자신이 알고 있는 허물을 스스로 반성하고 난 다음 이렇게 말합니다.

　"스스로 나와서 청합니다. 그동안 제가 모르는 저의 말과 행동에 잘못된 것이 있었다면 가르쳐주십시오."

　지적할 것이 있다면 지적해주고, 그렇지 않으면 대중은 가만히 있습니다. 이러한 자자 의식은 서로 허물을 지적해주고, 지적받은 사람은 그것을 고백하고 뉘우침으로써 승가 본연의 청정성淸淨性을 지켜나가게 하는 원동력이 됩니다.

혼탁한 세상에서 스스로 깨끗함을 지켜나가기 위해서는 기회가 있을 때마다 스스로 자자의 시간을 가지는 것이 필요합니다.

혼자 조용히 앉아 자자의 시간을 갖는 것은 두말할 필요 없고, 부부 사이에, 가족이나 친구, 회사 동료들끼리 정기적으로 자자의 시간을 갖는다면 세상은 한층 더 살 만한 곳이 될 것이며, 사람들의 마음도 더 맑고 깨끗해질 것입니다.

영역領域
방석 한 장의 영역에서 이루는 커다란 성취

좀체 변하지 않고 늘 똑같은 사실 한 가지가 있습니다. 지금은 물론이고 옛날에도 그랬고 앞으로도 그럴 똑같음입니다.

어떤 분야에서 크게 성공을 이룬 사람은 하나같이 활동 영역이 지극히 좁다는 특징을 갖고 있습니다. 그 좁은 영역 안에 자신의 모든 것을 쏟아 넣었기 때문에 엄청나게 큰 성취를 이룰 수 있었던 것입니다. 이것이 이른바 성공의 비결입니다.

우리가 눈여겨볼 만한 것은, 참선만큼 좁은 영역이 없다는 사실입니다. 참선은 방석 한 장 놓을 수 있을 만큼의 공간에 자신의 몸과 마음을 가둡니다. 그렇지만 참선이 이루어내는 것은 그 어떤 것보다 크고 넓습니다.

묵언수행默言修行
말없이 마음의 소리에 귀 기울이다

서양의 어느 마을에서는 한 달에 한 번 텔레비전을 보지 않는 날이 있다고 합니다. 그날이 되면 온 마을 사람들이 하루 동안 텔레비전을 켜지 않는다고 합니다.

텔레비전을 켜지 않으면 어떤 일이 벌어질까요? 사람들은 심심해하기 시작했고, 그래서 책을 읽게 되었다고 합니다. 그렇다고 온종일 책만 볼 수는 없었겠지요? 그래서 가족들과 이야기를 나누게 되었습니다. 하지만 시간이 지나자 가족들과 이야기를 나누는 것도 심드렁해지고 말았습니다. 그래서 어떻게 했을까요? 사람들은 집 밖으로 나갔습니다. 그러고는 이웃들과 이야기를 나누기 시작했습니다.

이처럼 텔레비전을 켜지 않자 주변을 정리하고, 책을 읽고, 가족들과 이야기를 나누고, 이웃들과 한자리에 앉아 얼굴을 마주보고 대화하는 그런 기회를 갖게 되었던 것입니다.

우리는 한 달에 한 번, 쉬는 날을 이용해 하루 동안 묵언默言 수행을 해보면 어떨까요? 수행 가운데는 안 먹는 수행, 잠 안 자는 수행, 말 하지 않는 수행이 있습니다. 이 가운데서 말하지 않는 묵언默言 수행은 가장 쉬워 보이지만 막상 해보면 가장 어려운 수행이기도 합니다.

말을 하지 않으면 하루가 두 배로 길어지고, 배도 고프지 않습니다. 말하는 것이 얼마나 많은 시간을 축내고, 얼마나 많은 에너지를 소모하는 것인지 잘 알게 됩니다.

아무것도 하지 않으면서 단지 말을 하지 않기란 참 어렵습니다. 그러므로 묵언 수행을 하는 동안에는 떠오르는 생각들을 글로 써 보는 것이 좋습니다. 말을 하지 않으면 참으로 많은 것들이 머릿속에 떠오르고, 생각지도 못했던 생각들이 떠오릅니다. 이런 생각들은 평소 잊고 지내던 마음속의 자기 목소리인 경우가 많습니다.

정신없이 살다 보면 자신을 되돌아볼 시간이 없고, 자기 마음의 목소리에 귀 기울여볼 여유가 없는 것이 사실입니다. 이때 한 번쯤 묵언 수행을 하면서 자신의 내면세계를 들여다보고, 내면에서 들려오는 소리에 귀를 기울인다면 삶은 더욱 맑아질 것입니다.

묵빈대처默賓對處
가르치지 않고 가르치다

부처님 제자 가운데 성미가 몹시 급하고 괴팍해 늘 욕지거리를 입에 달고 다니는 사람이 있었습니다. 이름이 찬다카였는데, 원래 찬다카는 부처님이 출가하기 전에 데리고 있던 마부였습니다.

왕자와 마부 사이였던 부처님과 찬다카는 무척 친하게 지냈습니다. 찬다카는 왕자를 모시고 다니면서 인간 세상의 고통을 체험하게 하고, 출가의 계기를 만들어 주었습니다. 그리고 부처님이 깨달은 뒤 다시 모국을 찾아갔을 때 찬다카는 부처님을 따라 출가했습니다.

그런데 출가한 뒤 찬다카는 부처님과의 개인적인 친분을 내세워 거들먹거리고 위세를 부리기 시작했습니다. 그리하여 어느 누구도 찬다카와 평화롭게 지낼 수 없었습니다.

훗날 부처님의 열반을 앞두고 시자侍者 아난이 찬다카에 대해 물었습니다.

"부처님께서 열반하신 뒤 찬다카는 어떻게 하면 좋겠습니까?"
그러자 부처님은 이렇게 말했습니다.
"아난이여, 성품이 인색하고 악한 수행자는 침묵으로 대처하는 것이 가장 지혜로운 방법이니라. 스스로 부끄러움을 느껴 저절로 뉘우치게 해야 하느니라."

사람들은 누군가 잘못한 것이 있으면 야단을 치면서 잘못을 깨닫게 해주려고 합니다. 하지만 그보다 더 효과적이고 지혜로운 것이 침묵으로 대하는 것입니다. 이것이 묵빈대처默賓對處입니다.

실제로 사람은 상대방이 침묵으로 대할 때 훨씬 더 빨리, 그리고 더 진실되게 자신의 잘못을 뉘우치는 경우가 많습니다. 이처럼 가르치지 않고 스스로 잘못을 깨닫게 하는 것이야말로 참으로 지혜롭고 훌륭한 가르침이라 할 수 있습니다.

지지止止
능히 멈추어야 할 것을 알아 멈추기를 마다하지 않다

사람들은 늘 앞으로 나아가려고 합니다. 그것도 되도록 남들보다 더 빨리 더 멀리 나아가려고 합니다. 하지만 나아가는 것 못지않게 멈출 줄 아는 지혜도 필요합니다. 이것이 사마타 수행, 곧 지止의 수행입니다.

지止의 수행은 멈추어야 할 때 멈출 수 있도록 훈련하는 것으로, 스스로 잘 참을 수 있는 사람이 지止를 잘하는 사람입니다. 그러므로 인격자가 갖추어야 할 첫 번째가 지止, 곧 자제력입니다. 하고 싶어도 멈출 줄 알고, 하기 싫어도 해야 하는 것이 지止이고 자제입니다.

아무리 값비싼 자동차라도 원할 때 멈출 수 있는 브레이크 장치가 없다면 그 자동차는 자동차로서의 기능을 할 수 없습니다. 그런데도 사람들은 자동차가 얼마나 빨리 달릴 수 있는지, 얼마나 멀리 갈 수 있는지에 대해서만 서로 견주고 뽐낼 뿐, 얼마나 잘 멈출 수 있는지

에 대해서는 크게 관심을 기울이지 않습니다.

하지만 비싼 자동차가 그 비싼 값어치를 하는 것은 원할 때 멈추게 하는 기능이 있기 때문입니다. 이것이 바로 지止입니다.

멈추는 것을 마음대로 할 수 있으면 돈에 집착하는 재욕財慾과 높은 지위에 집착하는 명욕名慾, 맛있는 음식에 집착하는 식욕食慾, 육체적 쾌락에 집착하는 성욕性慾, 잠에 집착하는 수면욕睡眠慾에서 자유로워집니다. 그리고 탐욕貪慾과 진에瞋恚와 우치愚癡에서 해방되고, 오래 살려고 발버둥치는 수자상壽者相에서 벗어날 수 있습니다.

지관止觀
번뇌를 그치게 하고, 자신의 본마음을 바라보다

지관止觀이란 선정禪定과 지혜智慧를 똑같이 담아내는 수행법입니다. 지止는 멈추어서 모든 번뇌를 그치게 하는 것을 말하고, 관觀은 자신의 본래 마음을 관찰하고 사물의 본성을 꿰뚫어 보는 것을 말합니다.

그러므로 지止 수행은 멈추는 것을 말합니다. 멈춘다는 것은 외식제연外息諸緣과 내심무천內心無喘이란 말로 대신할 수 있습니다. 곧 밖으로는 모든 관계로부터 자유롭고, 안으로는 헐떡거림이 없어야 한다는 뜻입니다. 다시 말해, 밖으로는 부귀영화와 희로애락에 끌리지 않아야 하고, 안으로는 온갖 번뇌를 멈출 줄 알아야 합니다.

관觀 수행은 정관법正觀法이라 하여 매사를 바르게 보는 수행을 말합니다. 고음을 내기 위해서는 소리가 좁아져야 합니다. 실같이 좁아져야 고음이 나옵니다. 마찬가지로 사물을 자세히 보려면 눈을 응집해야 합니다. 눈을 응집하는 훈련이 관법觀法입니다.

　눈을 응집해야 사물이 정확하게 보이듯 마음도 생각을 응집시켜 관념이 사라질 때 바르게 볼 수 있습니다. 그렇게 하기 위해서는 마음에서 일어나는 선입견과 남을 미워하고 시기, 질투하는 온갖 삿된 생각에서 벗어나 있는 그대로 바라보아야 합니다. 이것이 정관正觀입니다.

　지止 수행을 통해 마음속에서 일어나는 온갖 번뇌를 멈추고, 관觀 수행으로 생각을 응집시켜 온갖 관념에서 벗어나면, 모든 것을 있는 그대로 볼 수 있게 됩니다. 모든 것의 참모습을 보게 되면 온갖 선입견이 사라지고 남을 미워하는 마음과 시기 질투하는 마음이 사라지고 비로소 내 안에 있던 평화와 행복을 마음껏 누리게 됩니다.

탐주정랑探珠靜浪
구슬을 찾으려면 물이 고요해야 한다

구슬을 찾으려면 마땅히 물이 고요해야 할 것이니 물이 움직이면 구슬을 찾기 어렵습니다. 구정물이 고인 웅덩이가 있다고 생각해 보십시오. 웅덩이의 물을 맑게 하려면 어떻게 해야 할까요? 물을 맑게 하겠다고 휘저으면 물은 점점 더 탁하게 될 것이고, 물속에 있는 어떤 것도 보이지 않게 될 것입니다.

물을 맑게 하려면 가만히 두어야 합니다. 가만히 두면 물결이 고요해지면서 온갖 티끌이 가라앉아 맑고 깨끗해집니다. 그렇게 되면 구덩이 속에 빠뜨린 구슬을 찾을 수 있게 됩니다.

가만히 둔다는 것은 움직이지 않는다는 것을 뜻하니 곧, 멈추는 경지를 말합니다. 누가 칭찬을 해도 흔들림이 없고, 욕을 해도 흔들림이 없는 지止의 경지입니다.

여기서 물결은 사람의 탐욕과 번뇌를 비유한 것입니다. 그리고 구슬은 내 안에 들어 있는 지혜를 뜻합니다. 탐욕과 번뇌가 많으면 점

점 어리석게 되어 지혜는 더욱 드러나지 않게 됩니다. 탐욕과 번뇌가 사라진 뒤에야 지혜가 그 모습을 보이듯, 모든 움직임이 사라져 물이 맑아져야 물 밑까지 모두 볼 수 있습니다.

이처럼 내 안에 들어 있는 지혜의 구슬을 찾기 위해서는 멈추어 가만히 바라보는 시간을 가져야 합니다. 그리하여 온갖 티끌이 가라앉게 해야 합니다. 티끌이 완전히 가라앉은 다음에는, 가라앉은 티끌을 걷어내어 흔들어도 다시는 물이 더러워지지 않게 되어야 비로소 멈춘다는 지止 수행이 완성된 것입니다.

지족불욕 지지불태 知足不辱 知止不殆
만족함을 알면 욕되지 않고, 멈출 줄 알면 위태롭지 않다

만족함을 알면 욕되지 않고, 멈출 줄 알면 위태롭지 않다고 했습니다. 적당한 때 만족하고 적당한 때 멈출 줄 알면, 한편으로는 모욕과 위험을 피할 수 있고, 한편으로는 부유함과 존귀함을 얻을 수 있습니다.

사람들은 적당한 때 만족하지 못해 큰 모욕을 당하고, 적당한 때 멈추지 못해 큰 곤란을 당하는 경우가 많습니다. 이 모두 지족知足을 모르고 지지知止를 모르는 어리석음에서 비롯되는 것입니다.

지족과 지지를 모르면 처음에는 자기 자신을 욕되게 하고 위태롭게 하지만 시간이 지나면 자기 자신을 지탱해주고 있는 세상을 욕되게 하고 위태롭게 합니다.

실제로 멈출 줄 모르는 사람들의 끝없는 욕망은 자연을 마구 부수고 지구 생태계를 어지럽혀 마침내 사람 자신의 목숨마저 위태롭게 하고 있습니다. 이것이 지족과 지지를 모르는 어리석음이 불러일으키는 무서운 재앙입니다.

    사람은 늘 내면에 마음의 브레이크를 갖고 있어야 합니다. 그래야만 자신을 구하고 다른 사람을 구할 수 있습니다. 마음의 브레이크가 바로 지족知足과 지지知止입니다.

육바라밀六波羅蜜
참된 깨달음을 위한 여섯 가지 덕목

참된 깨달음에 이르기 위해 우리는 늘 여섯 가지 수행을 게을리하지 말아야 합니다. 이를 여섯 가지 바라밀, 곧 육바라밀六波羅蜜이라 합니다.

바라밀은 산스크리트어 'Paramita'를 소리 나는 대로 적은 것으로, '저 언덕에 이른 상태'라는 뜻입니다. 중생들의 어리석음과 온갖 탐욕으로 가득 찬 괴로운 이 세상을 '언덕'이라 한다면, 육바라밀은 이 언덕을 넘어가게 도와주는 여러 마리의 말이 끄는 '수레'라 할 수 있습니다.

육바라밀에는 보시布施와 지계持戒, 인욕忍辱, 정진精進, 선정禪定, 지혜智慧 여섯 가지 덕목이 있습니다.

보시布施는 남에게 베푸는 것을 말합니다. 재물이 필요한 사람에게는 재물을 나누어 주고, 진리를 알지 못하는 사람에게는 지혜를 나누어 주고, 두려워하는 사람에게는 위안과 용기를 주는 것을 말합니다. 이렇게 한없이 베풀면서도 스스로 보시에 얽매이지 않아야 합니다. 그리하여 보시를 했다는 생각마저도 가지지 말아야 합니다. 이것이 참된 보시입니다.

지계持戒는 계율을 잘 지킨다는 뜻으로, 사람의 도리를 지키는 것을 말합니다. 살아있는 것을 죽이지 않으며, 음란한 짓을 하지 않으며, 거짓말하거나 다른 사람을 헐뜯지 않으며, 남을 괴롭히는 말을 하지 않으며, 터무니없는 욕심을 부리지 않고, 화를 내지 않으며, 어리석은 생각을 하지 않는 것을 말합니다.

인욕忍辱은 다른 사람에게서 욕된 일을 당해도 참는 것을 말합니다. 이때 참는다는 것은, 남들이 다 참을 수 있는 것을 참는 것이 아니라 남들이 참을 수 없는 것을 참고, 힘이 없어 참는 것이 아니라 능히 제압할 수 있는데도 참는 것입니다.

또한 마음으로는 원망하고 미워하면서 겉으로는 태연한 척 억지

로 참는 것이 아니라, 진심으로 받아들이고 용서하는 것입니다. 이것이 진정한 참음입니다.

정진精進은 참된 깨달음에 이르기 위해 몸과 마음을 끊임없이 닦고 수행하는 것을 말합니다. 그리하여 아직 나지 않은 나쁜 마음은 나지 못하게 하고, 이미 난 나쁜 마음은 없애 버리며, 아직 나지 않은 착한 마음은 나게 하고, 이미 난 착한 마음은 계속 자라가도록 힘쓰는 것입니다.

선정禪定은 마음을 고요히 하여 하나로 모으는 것을 말합니다. 나를 어지럽게 하는 헛된 생각을 멈추게 하고, 가만히 내 마음을 바라보는 것입니다. 그러면 무겁고 어지러운 것들이 모두 가라앉으면서, 마음이 맑아지고, 맑아지면 지혜롭게 됩니다.

지혜智慧는 사물과 이치를 있는 그대로 볼 줄 아는 것을 말합니다. 이렇듯 본질을 꿰뚫어보는 지혜를 바탕으로, 날마다 내가 가진 것을 즐겨 베풀고, 사람의 도리를 따르며, 억울해하는 마음 없이 용서하고, 몸과 마음을 힘써 닦아, 마음을 고요히 하는 것을 계속해나가야 합니다.

회광반조回光返照
돌이켜 참회할 것이 없어질 때까지 참회하다

요즘 사람들 가운데 잠자리에 들기 전에 하루를 되돌아보고 반성하는 사람이 얼마나 될까요? 대부분의 사람들은 하루를 되돌아볼 여유도 없이 그저 쓰러져 자기 바쁠 것입니다. 그러다 보니 되돌아보지는 않으면서 무조건 앞으로 나아가려고 하는 경향이 강합니다. 하지만 제대로 앞으로 나아가기 위해서는 반드시 뒤를 돌아볼 필요가 있습니다. 이것이 회광반조回光返照입니다.

우리는 날마다 뒤돌아보고 참회해야 합니다. 돌이켜보아 참회할 것이 없어질 때까지 참회해야 합니다. 오늘 하루 내 삶에 잘못된 것은 없었는지, 잘못된 말을 하지는 않았는지, 옳지 못한 행동을 하지는 않았는지 참회할 줄 알아야 합니다. 그래야만 오늘보다 더 나은 내일을 살 수 있습니다.

오래전 혜암 큰스님을 찾아간 적이 있습니다. 혜암 큰스님은 103살까지 사셨는데, 정신력이 보통이 아니었습니다. 돌아가시기 직전까지 용맹정진勇猛精進을 하신 분입니다. 스님에게 어떻게 공부해야 하는지 물은 적이 있습니다. 그러자 이렇게 말씀하셨습니다.

"공부는 반조返照뿐이다."

그런데 그때는 나도 그 정도는 안다고 생각했습니다. 그래서 그것 말고 좀 더 어려운 것을 알려주면 좋겠다고 생각했습니다. 그러나 세월이 지난 뒤 돌이켜보니 정말 공부는 반조뿐이라는 것을 알 수 있었습니다. 사람들은 스스로 반조할 줄 안다고 생각하지만 사실은 잘 모릅니다. 그리고 자신이 반조를 할 줄 모른다는 사실조차 모를 때가 많습니다.

반조에는 세 가지 단계가 있습니다. 첫 단계는 누가 잘못된 말이나 행동을 했을 때, 그 사람의 허물을 보는 것이 아니라 얼른 자신을 되돌아보는 것입니다.

'나 같으면 어떻게 했을까?'

　두 번째는 자신을 돌이켜보는 것입니다. 자신을 계속 살피고 살펴보면 모자람이 큰 산과 같고, 온통 허망할 뿐이며, 나이만 먹었을 뿐 내놓을 것이 하나도 없다는 사실을 깨닫게 됩니다.

　세 번째는 수행 단계로, 밖으로 향한 것들을 모두 안으로 돌리는 것입니다. 우리의 눈, 귀, 코, 입은 늘 밖을 향해 있습니다. 반조는 이들을 안으로 돌리는 것입니다. 밖의 사물에 집착하지 않고 내 안을 들여다보는 것이야말로 참선 수행의 밑거름이라고 할 수 있습니다. 그러므로 반조야말로 모든 수행의 처음이자 마지막입니다.

　참된 반조를 하게 되면 진정한 참회가 이루어집니다. 그리고 참된 반조가 이루어지면 참회가 사라집니다. 참회 그 자체가 참 반조이자, 참 반조가 참회 그 자체이기 때문입니다. 따라서 완전한 반조가 이루어지면 참회할 것도 없어지고 마는 것입니다.

이참理懺과 사참事懺
머리와 마음으로 완전한 참회를 하다

우리는 잘못을 저지르면 참회懺悔를 합니다. 이때 참懺은 죄를 고백하고 용서를 비는 것을 뜻하고, 회悔는 잘못을 뉘우치고 다시는 잘못하는 일이 없도록 하겠다고 다짐하는 것을 뜻합니다.

참회에는 두 가지가 있습니다. 이참理懺과 사참事懺이 있습니다. 이참理懺은 글자 그대로 이치로 참회하는 것으로, 진리와 하나가 되거나 죄의 참모습이 무엇인지를 깨달아 진실로 참회하는 것을 말합니다.

사참事懺은 과거와 현재에 지은 죄와 앞으로 짓게 될 죄에 대해 몸과 말과 마음을 다해 참회하는 것으로, 삼천 배를 하거나 경을 읽는 따위의 실제 행동이 따르게 됩니다. 그러므로 진정한 참회가 되기 위해서는 이참과 사참이 모두 이루어져야 합니다.

그런데 우리는 잘못을 저지르고도 참회를 제대로 하지 않는 경우가 많습니다. 머리로만 참회하고 말거나, 그저 절 몇 번 하는 것으로 참회를 다했다고 생각합니다. 그러다 보니 진정한 참회가 이루어지지 못해 다시 죄를 짓는 악순환에서 벗어나지 못하는 것입니다.

  참회를 할 때는 죄의 뿌리를 뽑아 다시는 죄를 짓지 않겠다는 다짐이 필요합니다. 이때 필요한 것이 이참과 사참입니다.

조식調食
맛에 탐닉하지 않고, 배부르게 먹지 않는다

부처님 당시 수행자들은 하루에 한 끼만 먹을 만큼 엄격히 절제하는 생활을 했습니다. 물론 수행이 깊어지면 먹는 것도 자연히 조절되기는 하지만, 그렇다고 해서 저절로 되는 것은 아니며 수행이 뒤따라야 합니다.

음식은 몸을 살찌게 하기 위해 먹는 것도 아니고, 아름답게 하기 위해 먹는 것도 아닙니다. 또한 맛에 대한 탐닉이나 탐욕으로 먹는 것도 아니고, 오직 몸을 유지해 나가기 위해 먹는 것입니다. 그러므로 지나치게 많이 먹는 것도, 너무 적게 먹는 것도 모두 선정에 이르는 데 걸림돌이 됩니다.

부처님은 목숨을 이어나갈 정도로만 먹어야 한다고 했습니다. 원효 대사도 나무뿌리와 껍질로 배를 위로하는 정도로 먹으라 했습니다. 이것은 존재의 의미가 육신을 보존하는 데 있지 않고, 오직 도를 이루기 위한 것임을 강조한 것입니다.

　《계초심학인문誠初心學人文》에서는 '밥을 먹는 것이 다만 몸이 마름을 치료하여 도업道業을 이루기 위함인 줄을 알아야 한다'고 하였고, 《초발심자경문初發心自警文》에도 '맛있는 음식은 마땅히 시주하는 은혜가 무거워 도를 덜고, 누더기 가사와 거친 음식은 시주의 은혜가 가벼워 은덕을 쌓는 것이니, 금생에 마음을 밝히지 못하면 한 방울 물도 소화하기 어려우니라'고 했습니다.

　음식을 조절하지 못해 육신이 건장하면 번뇌가 일어나고, 번뇌가 일어나면 삼매에 들 수 없습니다. 그러므로 음식을 잘 조절해 너무 배부르지 않게 먹어야 합니다. 이것이 수행자가 지켜야 할 본분이라 할 수 있습니다.

조면調眠
스스로 잠을 절제하다

예로부터 잠을 수마睡魔라 하여 도를 이루는 데 가장 큰 걸림돌로 보았습니다. 잠에 마魔를 붙인 것을 보면 알 수 있듯이, 잠은 수행자가 이겨내기 가장 힘든 걸림돌 가운데 하나입니다.

그러다 보니 옛 스님들은 잠을 이기기 위해 목침을 동그랗게 만들어 베고 자다가 목이 미끄러져 머리를 찧으면 다시 일어나 공부를 하여 도를 이루곤 했습니다. 또 어떤 스님은 잠을 물리치기 위해 늘 뾰족한 송곳을 지니고 좌선에 임해 도를 이루었다고 합니다. 그만큼 수행자에게 잠은 이겨내야 할 큰 걸림돌 가운데 하나입니다.

잠이 지나치면 성인의 법을 닦지 못할 뿐 아니라 공부를 게을리하게 되어 마음이 어두워져 선의 뿌리를 잃어버리게 됩니다. 그러므로 수행자는 늘 잠을 조절해 정신과 기운을 맑게 하고, 생각과 마음을 밝고 깨끗하게 가질 수 있어야 합니다. 그렇게 해야만 성인의 경지에 마음을 두어 삼매에 이르게 됩니다.

　잠을 조절하는 것은 사소한 일 같아서 지나치기 쉽습니다. 하지만 수행은 이런 사소한 것의 조절과 절제로부터 시작하며, 이것이 실패하면 멀고 험한 수행의 길을 얼마 지속하지 못하고 좌절하기 쉽습니다. 울창한 나무도 작은 가지에서 시작하듯, 도를 이루는 것도 이런 사소한 것들을 잘 다스리고 절제하는 것에서 시작해야 합니다.

공부工夫
배우지 않으면 한 덩이 흙보다 못하다

명예를 얻고자 한다면 명예에 대한 탐욕을 버리고 공부를 해야 합니다. 돈을 벌고자 한다면 돈에 대한 탐욕을 버리고 공부를 해야 합니다. 공부를 하면 명예도 얻을 수 있고 돈도 벌 수 있기 때문입니다.

수행을 잘하고 싶다면 수행을 많이 한 스님들의 일대기를 공부하면 됩니다. 어떤 스님이 어떤 과정을 거쳐 어떻게 수행을 하고, 어떻게 깨달음을 이루었는지 공부하다 보면 그 스님이 했던 것 가운데 마음에 와 닿는 것이 있을 것입니다. 그것을 그대로 하면 됩니다. 끊임없이 공부하십시오. 공부하지 않으면 아무것도 이룰 수 없습니다.

송나라 황제 진종은 이미 1천 년 전에 사람들에게 늘 공부할 것을 힘주어 말했습니다. 사람이 공부를 하지 않으면 길가의 한 덩이 흙보다 못하다는 것이 진종 황제의 생각이었습니다.

그리하여 〈권학문勸學文〉을 지어 백성들이 열심히 공부하도록 이

끝었는데, 오늘날의 사람들도 가슴에 새겨야 할 중요한 가르침이라 할 수 있습니다.

富家不用買良田 부가불용매량전
書中自由千種祿 서중자유천종록
부자가 되고 싶다고 좋은 논밭을 살 필요가 없으니
책 속에 천 가지 곡식이 있다.

安居不用架高堂 안거불용가고당
書中自有黃金屋 서중자유황금옥
편안히 살기 위해 호사스런 집을 지을 필요가 없으니
책 속에 황금 집이 있다.

出門莫恨無人隨 출문막한무인수

書中車馬多如簇 서중거마다여족

문 밖에 나서는데 시중드는 사람이 없다고 한탄할 필요가 없으니

책 속에 수레도 있고 말도 있고, 따르는 사람도 수없이 많다.

取妻莫恨無良媒 취처막한무량매

書中有女顔如玉 서중유녀안여옥

아내를 구하려는데 좋은 중매가 없음을 한탄할 필요가 없으니

책 속에 얼굴이 옥같은 여인이 있다.

男兒欲遂平生志 남아욕축평생지

六經勤向窓前讀 육경근향창전독

남자가 세상에 태어나 평생의 뜻을 이루고자 하거든

달빛 밝은 창가에 나가 육경을 부지런히 공부해야 한다.

사람들은 늘 세상살이를 걱정하지만 참으로 걱정할 것은 나 자신의 부족함과 나 자신 학문에 진전이 없음입니다. 그러므로 더욱 더 공부에 힘써야 합니다. 이것이 진정 나를 위하고, 나 아닌 다른 모든 것을 위하는 것이 됩니다.

주인主人
주인의 권한을 마음껏 누리다

내가 내 몸의 주인이 될 것인지 아니면 종이 될 것인지는 무척 중요한 문제입니다. 내가 내 몸을 갖고 있지만 내 다스림이 제대로 미치지 못한다면 온전한 주인이라고 할 수 없습니다.

실제로 어떤 사람은 몸의 온전한 주인 노릇을 하며 살고, 어떤 사람은 늘 몸에 이끌려 종노릇을 하며 살고 있습니다. 종노릇에서 벗어나 몸의 진정한 주인이 되고자 하는 것이 수행입니다. 우리는 수행을 통해 온전히 내 몸의 주인이 되어야 합니다.

내가 내 몸의 주인이 되면,
입에서 나오는 말을 다스릴 수 있습니다.
몸의 게으름을 다스릴 수 있습니다.
머릿속의 속 좁은 생각을 다스릴 수 있습니다.

마음속의 시기와 질투를 다스릴 수 있습니다.
눈은 늘 좋은 것을 보게 하고
귀는 늘 좋은 소리를 듣게 하고
발은 늘 좋은 곳을 찾아가게 할 수 있습니다.

이 모든 것은 내가 내 몸의 참 주인이 될 때 누릴 수 있는 특별한 권리입니다.

3장 마음공부, 가시가 꽃이 되다

아상我相
어리석음이 앞을 가려 본질을 보지 못하다

큰 바람이 불고 비가 많이 오면 어떻게 해야 할지 몰라 걱정만 하는 사람이 있는 반면, 준비를 하는 사람이 있습니다. 왜 어떤 사람에게서는 걱정하는 마음이 나오고 어떤 사람에게서는 준비하는 마음이 나오는 것일까요?

이것은 자기중심적으로 생각하는 아상我相 때문입니다. 아상이 꽉 찬 사람은 어떤 상황에서도 걱정만 하고, 아상이 없는 사람은 언제나 준비하는 마음을 내놓습니다. 이것은 아상이 지혜를 가리기 때문입니다. 아상이 지혜를 가려 본질을 보지 못하기 때문에 걱정만 하는 것입니다. 본질을 알게 되면 걱정 대신 준비를 합니다.

지금 무슨 걱정거리가 마음을 어지럽게 하고 있습니까? 혹시 다음과 같은 것은 아닙니까?

이미 지나간 일이거나

절대 일어나지 않을 일이거나

사람의 힘으로는 어찌 할 수 없는 일이거나
너무 사소한 일이거나…….

이미 지나간 일은 걱정한다고 해결되지 않고, 절대 일어나지 않을 일은 걱정할 필요가 없고, 내 힘으로 어찌 하지 못할 일은 걱정해도 아무 소용이 없습니다. 그리고 사소한 일은 자신의 힘으로 해결할 수 있으므로 하면 됩니다.

이처럼 걱정이란 아무 부질없는 것입니다. 그런데 아상이 강하면 어리석음이 앞을 가려 이런 본질을 보지 못합니다. 아상을 버리십시오. 온갖 걱정이 사라지면서 평화를 얻게 될 것입니다.

깨달음
있는 그대로 비추는 거울

거울은 생긴 모양 그대로를 받아들입니다. 원래의 모양을 왜곡하거나 자기 마음에 들게 모양을 바꾸지 않습니다. 그리고 받아들인 것에 집착하지도 않습니다. 그러다 보니 거울은 모든 것을 있는 그대로 받아들이고, 받아들인 그대로 떠나보냅니다.

그런데 사람의 마음은 눈에 보이는 그대로 받아들일 줄 모릅니다. 자기 마음대로 참모습을 왜곡하거나 모양을 바꿔 받아들이기 좋아합니다. 그리고 받아들인 것에 집착합니다. 그 집착의 흔적들이 여기저기 묻어 마음에는 더러운 때가 끼고, 그 때로 인해 더욱 더 원래 모습 그대로 받아들이지 못하게 됩니다.

깨끗한 거울과 같은 마음을 갖도록 하십시오. 깨달음이란 거울처럼 있는 그대로를 고스란히 담아내는 그런 마음을 갖는 것을 말합니다.

거울
다른 사람의 얼굴에서 내 마음을 보다

　　　　　　　　　어느 마을에 늘 마음이 즐거운 강아지가 한 마리 살았습니다. 그 강아지는 개울 너머에 있는 외딴집에 천 개의 거울이 있다는 이야기를 듣고 언젠가 꼭 한번 가 보리라 마음먹었습니다.

　어느 날 그 강아지는 드디어 천 개의 거울이 있다는 집으로 갔습니다. 마음이 늘 즐거운 강아지는 행복하고 즐거운 얼굴로 집 안으로 들어갔습니다. 그리고는 문을 조금 열고 조심스럽게 안을 들여다보았습니다. 그러자 천 마리나 되는 강아지가 행복하고 즐거운 얼굴로 자기에게 꼬리를 흔드는 것이었습니다. 강아지는 너무나 기분이 좋았습니다. 그래서 날마다 이 집에 놀러 오기로 마음먹었습니다.

　그 마을에는 또 다른 강아지가 한 마리 있었습니다. 그 강아지는 늘 기분이 좋지 않아 찡그린 얼굴을 하고 다녔습니다. 그 강아지도 개울 너머 외딴곳에 있는 천 개의 거울집에 대한 이야기를 듣고 언젠가 꼭 한번 놀러 가야겠다고 생각했습니다.

어느 날 그 강아지는 천 개의 거울이 있는 집으로 갔습니다. 그리고 문을 조금 열고 안을 들여다보았습니다. 그러자 천 마리나 되는 강아지가 화난 얼굴로 자기를 노려보는 것이었습니다. 그 강아지는 얼른 문을 닫고 나와 버렸습니다. 그리고 다시는 오지 않겠다고 마음먹고는 툴툴거리며 집으로 돌아갔습니다.

탐진치貪瞋癡
반드시 버려야 할 세 가지 독

     탐욕貪慾과 진에瞋恚, 우치愚癡는 반드시 버려야 할 세 가지 독毒입니다. 이를 흔히 탐진치貪瞋癡라고 합니다. 탐내는 욕심과 노여움, 어리석음을 말합니다. 이 세 가지 번뇌는 깨달음의 삶을 살아가는 데 큰 걸림돌입니다.
 탐욕貪慾은 날카로운 가시를 움켜쥐고 놓지 않는 것과 같습니다. 움켜쥐면 쥘수록 자신에게 상처를 입힙니다. 그런데도 사람들은 놓지 못하고 더 움켜쥐려고 합니다. 탐욕을 두고 본능적인 독이라 하는 까닭이 여기 있습니다. 하지만 놓는 순간, 고통은 사라집니다. 그리고 그 가시는 꽃이 되어 세상 사람들에게 기쁨을 주는 것으로 바뀝니다.
 진에瞋恚는 성내는 마음을 말합니다. 성내는 것은 자신에게 집착하기 때문입니다. 자신을 내세우기 때문입니다. 모든 기준을 오로지 자신에게 맞추고, 그 기준에 맞지 않는 것을 견디지 못하다 보니 성이 나는 것입니다. 성냄은 거친 말을 부르고, 폭력을 부르고, 마침내 살생을 불러일으킵니다. 이리하여 진에를 감성적인 독이라 합니다.

개인과 개인 사이에 성냄이 자리하면 싸움이 벌어지고, 개인과 집단 사이에 성냄이 자리하면 따돌림이 생기고, 집단과 집단 사이에서는 차별이 만들어지고, 나라와 나라 사이에서는 전쟁이 벌어지게 하는 것이 성냄입니다. 나 아닌 것과 갈등을 일으키는 것은 모두 성냄에서 비롯됩니다. 자신을 버리십시오. 자신을 내세우지 않으면 이러한 성냄은 저절로 사라집니다.

우치愚癡는 어리석은 마음을 말합니다. 어리석은 사람은 사물을 있는 그대로 보지 못하고 그릇되게 이해하고 비뚤어지게 받아들입니다. 그리하여 선입견과 무지, 이기심을 불러일으켜 늘 마음속에 번민이 가득하게 합니다. 이 때문에 우치를 이성적인 독이라 하는 것입니다.

  탐욕과 진에와 우치는 늘 함께 다닙니다. 지나치게 욕심을 부리면 아무것도 아닌 일에 화가 나고, 화가 나면 판단력이 떨어져 어리석은 결정을 하게 되고, 결국 마음의 평화를 잃어버리고 맙니다. 그러므로 먼저 욕심을 버려야 합니다. 욕심을 버리면 화를 낼 일이 사라지고, 화를 내지 않으면 마음이 평화로워 올바른 판단을 할 수 있습니다.

청정지清淨智
다툼이 없는 곳으로 상대를 이끌어내는 지혜

지혜智慧에도 서로 다름이 있으니 세간지世間智와 출세간지出世間智가 그것입니다. 세간지는 서로 이기려고 다투는 지혜이므로 청정지淸淨智가 아닙니다. 그러나 출세간지는 서로 이기려고 다투는 지혜가 아니므로 청정지입니다. 세상을 세간지로만 살면 지혜끼리 서로 부딪혀 차라리 지혜 없이 사는 것만 못한 세상이 되고 맙니다.

우리가 궁극적으로 바라야 하는 지혜는 다툼이 없는 청정지이고, 출세간지입니다. 청정지는 상대를 좋은 세상으로 이끌어내는 지혜입니다. 세상을 한데 어울리게 하는 지혜, 갈등을 없앨 수 있는 지혜, 어려움에 빠진 사람을 구해낼 방법이 보이는 지혜가 바로 청정지입니다. 우리는 이런 지혜를 구해야 합니다.

공空
모양 있는 모든 것은 모양 없는 것이 뒷받침한다

아름다운 그릇이 하나 있습니다. 그릇이 그릇으로 쓸모 있는 것은 무엇 때문일까요? 화려한 문양 때문일까요? 유명한 장인이 빚어낸 높은 예술성 때문일까요? 사실 그릇이 그릇으로서 쓸모가 있는 것은 가운데가 비어 있기 때문입니다. 비어 있는 그곳에 무언가를 담을 수 있기 때문에 그릇으로서 쓸모가 있는 것입니다.

멋진 집이 한 채 있습니다. 집이 집으로서 쓸모가 있는 것은 무엇 때문일까요? 멋진 모습 때문일까요? 값비싼 장식 때문일까요? 집이 집으로서 쓸모가 있는 것은 집 안에 있는 빈 방들 때문입니다. 방이 비어 있어 사람이 들어가 살 수 있기 때문에 집으로서 쓸모가 있는 것입니다.

무릇 모든 물건의 쓰임새는 물건 그 자체보다는 그 물건이 만들어 낸 빈 공간에 있습니다. 모양 있는 모든 것은 모양 없는 것이 뒷받침을 하고 있기에 쓸모가 있다는 것입니다.

  사람도 마찬가지입니다. 나를 뒷받침하는 것은 나를 채우고 있는 것이 아니라 내가 만들어내는 빈 공간에 있습니다. 끊임없이 비우는 훈련을 힘주어 말하는 것도 이 때문입니다.

  그런데도 사람들은 채우려는 욕심만 부릴 줄 알지 비울 줄을 모릅니다. 비워야 담을 수 있습니다. 크게 담기 위해서는 크게 비워야 합니다. 비워야 채울 수 있습니다. 재물을 채우고, 사람을 채우고, 지혜를 채울 수 있습니다.

선견지명先見之明
바람 속에서 비를 내다볼 줄 아는 지혜

어리석은 사람들은 큰 변화가 있어야만 바뀝니다. 큰 병에 걸리거나 크게 실패를 한다거나 안 좋은 일이 크게 벌어져야만 정신을 차리고 바뀝니다.

하지만 이것만큼 어리석은 것이 없습니다. 큰 병에 걸리거나 크게 실패를 하거나 안 좋은 일이 크게 벌어지기 앞서, 여러 가지 작은 신호들이 먼저 오기 마련입니다. 지혜로운 사람은 이런 신호를 보고 먼저 변화를 일으켜 큰 병을 막고, 큰 실패를 막고, 큰일을 막습니다.

사람들은 바람이 불고 먹구름이 몰려오면 지금 당장 비가 오지 않더라도 우산을 챙겨 나갑니다. 그런데 인생의 먹구름과 바람은 잘 알아차리지 못합니다. 큰 바람이 불고 먹구름이 몰려오고 있는데도 우산도 없이 길을 나서는 사람들이 참 많습니다.

지혜智慧
넘치기 전에 덜어버고 넘어지기 전에 멈추다

큰 바다를 건너려는 배가 있었습니다. 그런데 정원이 10명인데 11명이 타려고 했습니다. 지혜롭지 못한 선장은 그냥 11명을 태웠습니다. 한 명을 빼놓고 가려니 너무 마음이 아팠기 때문입니다.

그런데 배를 타고 가다 폭풍을 만났습니다. 10명이 타야 하는 배에 11명이 탔으니 그 무게 때문에 배가 위태롭게 되었습니다. 결국 한 명을 뽑아 바닷속으로 뛰어들게 해야 하는 상황이 되고 말았습니다.

한 명을 배에 태우지 않는 것이 쉬울까요? 아니면 폭풍 치는 바다에서 한 명을 뽑아 바다에 빠뜨리는 것이 쉬울까요? 지혜로운 사람은 앞날을 미리 내다보고 판단하지만 어리석은 사람은 큰일이 닥쳐야 해결책을 찾습니다.

그릇은 차면 넘치기 마련입니다. 넘치지 않을 재주가 없습니다. 그러므로 차기 전에 덜어낼 줄 알아야 합니다. 넘치고 나서 덜어내면 음식을 버리고, 탁자를 더럽히고, 때로는 사람이 다치기도 합니다.

  수레에 짐을 너무 많이 싣고 다니면 무게 때문에 빨리 부서집니다. 그런데도 어리석은 사람은 작은 욕심에 눈이 멀어 수레가 부서지려고 하는데도 짐을 줄이지 않고 오히려 더 많이 실으려고 용을 쓰기도 합니다. 수레가 부서지면 이미 돌이킬 수 없을 정도로 늦다는 것을 알아야 합니다.

  넘치기 전에 덜어내고, 넘어지기 전에 멈출 줄 아는 지혜를 길러야 합니다.

심등명법心燈明法
햇빛이 밝다 한들 지혜의 빛만은 못하다

조그마한 반딧불에서 눈부신 햇빛에 이르기까지 밝은 빛이 있어 세상은 늘 환하게 밝습니다. 그 가운데서도 햇빛이 가장 밝으니 세상 만물은 오로지 햇빛에 의해 그 모습과 색을 가집니다. 하지만 옛 어른들은 늘 이렇게 말했습니다.

"어두운 밤에 등불이 아무리 밝아도 별빛과 달빛만 못하고, 별빛과 달빛이 아무리 밝아도 햇빛만 못하다. 그러나 햇빛이 아무리 밝다 한들 지혜의 빛만은 못하다."

햇빛은 단지 세상을 비추지만, 지혜의 빛은 사람의 마음까지 비춥니다. 햇빛은 단지 사람이 걸어가는 길 위만 비추지만, 지혜의 빛은 사람이 걸어가야 할 올바른 길까지 비추어줍니다.

노익장老益壯
일생을 살고 얻은 지혜를 젊은이가 어찌 알겠는가!

당나라 시대에 왕발이라는 사람이 있었습니다. 노익장老益壯이란 말은 이 왕발이 한 말입니다. 뛰어난 문장가였는데, 그가 쓴 글에 다음과 같은 말이 있습니다.

"몸이 늙으면 마음은 젊어지는데, 한평생 살고 얻은 늙은이의 지혜를 젊은이가 어찌 알겠는가!"

노익장이란 단지 젊은이 못지않게 몸이 건강하다는 뜻만이 아니라 젊은이들에게는 없는 지혜를 갖고 있다는 뜻이기도 합니다. 그러므로 나이가 들어 진정 그 나이 듦이 빛나기 위해서는 지혜를 구하는 일에 게으르지 말아야 합니다.

나이가 들면 인생살이가 급해집니다. 젊은이는 지는 노을을 보면서 감상에 젖지만 나이가 들면 괜히 서글퍼지기만 합니다. 그러므로 늙을수록 마음을 더 젊게 먹고 젊은 날의 뜻을 꺾지 말고 공부해야 합니다. 그리하여 나이를 먹을수록 지혜가 더 늘어가는 그런 사람이 되어야 합니다.

한때 우리나라에는 고려장高麗葬이란 풍습이 있었습니다. 늙은 부모를 산에 내다 버리는 못된 풍습이었습니다. 그 고려장이 한 늙은 어머니의 지혜로 없어지게 되었다고 합니다.

늙은 어머니를 봉양하던 효자 아들이 있었는데, 차마 어머니를 갖다 버릴 수 없어 고려장 했다는 소문만 내고는 집 안에 숨겨두고 계속 모셨다고 합니다.

그즈음, 궁중에서는 중국에서 온 사신들이 풀기 곤란한 문제를 낸 뒤 풀지 못하면 우리나라를 쳐들어오겠다고 겁을 주는 일이 벌어졌습니다. 중국 사신이 낸 두 가지 문제는, 비슷한 말 두 마리 가운데 어떤 말이 어미이고 어떤 말이 새끼인지, 그리고 위아래 굵기가 똑같은 나무토막의 어느 쪽이 위고 어느쪽이 아래인지를 알아맞히는 것이었습니다.

  궁중에서는 아무도 푸는 사람이 없어 임금은 온 백성들에게 문제를 풀게 했습니다. 그 효자는 얼른 늙은 어머니에게 달려가 물어보았습니다. 그러자 늙은 어머니는 너무나 쉽게 답을 주었습니다.

  "얘야, 그건 너무나 쉬운 문제란다. 두 말에게 먹이를 갖다 주거라. 그때 먼저 먹는 쪽이 새끼고 나중에 먹는 쪽이 어미란다. 그리고 나무토막은 물에 띄워보면 금방 알 수 있단다. 많이 가라앉는 쪽이 뿌리 쪽이란다."

  아들은 늙은 어머니의 말을 듣고 얼른 궁궐로 달려가 답을 말했습니다. 그러자 중국 사신들은 머쓱해하면서 자기 나라로 돌아갔다고 합니다.

  임금은 큰 상을 내리기 위해 어떻게 답을 알아냈냐고 물었습니다. 그 효자는 사실대로 모든 것을 말했습니다. 그러자 임금은 노인들의 지혜가 젊은이들보다 낫다며 그때부터 고려장을 없앴다고 합니다.

늙은이들은 젊은이들이 갖고 있지 않는 경험과 지혜를 많이 갖고 있습니다. 이것은 많이 배워서 갖게 된 그런 지혜가 아니라 오랜 삶에서 저절로 깨달은 지혜입니다. 그러므로 감히 돈 주고 살 수도 없고, 높은 학문으로도 얻을 수 없는 그런 지혜입니다.

그런데도 젊은이들은 늙은이가 그들의 스승이 될 수 있다는 사실을 잘 모르는 경우가 많습니다. 그렇다고 마냥 젊은이들만 탓할 수는 없습니다. 나이가 들수록 더욱 공부를 열심히 해서 젊은이들에게 더 많은 지혜와 참된 경험을 줄 수 있도록 해야 할 것입니다. 그래야만 젊은이들이 늙은이들의 지혜와 경험을 소중히 여기고 고맙게 생각해 존중하게 될 것입니다.

소탐대실小貪大失
작은 이득은 잘 보이나 큰 이득은 잘 보이지 않는다

옛날 촉나라는 땅이 넓고 기름져 온 백성들이 무척 부유하게 살았습니다. 백성들 곡간에는 쌀과 고기가 넘쳐났고, 왕실 창고에는 금은보화가 가득했습니다. 그런데도 촉나라 왕은 욕심이 많아 더 많은 재물을 갖고 싶어했습니다.

촉나라 옆에는 진나라가 있었는데, 진나라 혜왕은 촉나라의 부유함을 늘 부러워하며 일찍부터 쳐들어가 뺏으려는 못된 생각을 갖고 있었습니다. 하지만 길도 없는 험한 산이 가로막고 있어 감히 쳐들어갈 생각을 못하고 기회만 엿보고 있었습니다. 그러다가 진나라 혜왕은 좋은 방법을 생각해냈습니다. 그것은 촉나라 왕의 탐욕스러운 마음을 이용하는 것이었습니다.

진나라 혜왕은 조각하는 사람을 불러 대리석으로 커다란 황소를 만들게 했습니다. 그리고는 온갖 값비싼 비단으로 장식을 하게 한 뒤, 힘센 장정 수백 명으로 하여금 촉나라 쪽으로 밀고 가도록 했습니다. 그리고 사람을 시켜 황소 뒤를 따라가며 길가에 황금 덩어리를 떨어뜨리게 했습니다. 그러자 삽시간에 대리석 소는 황금똥을 누는 소로 소문이 나고 말았습니다.

그즈음, 촉나라 왕은 진나라의 황금소에 관한 이야기를 듣고 은근히 갖고 싶은 욕심을 부렸습니다. 이때 진나라 혜왕은 촉나라로 사람을 보내, 황금소를 선물로 보내고 싶은데 길이 없어 끌고 갈 수가 없다는 말을 전하게 했습니다.

그러자 황금소에 눈이 먼 촉나라 왕은 산을 뚫고 계곡을 메워 황금소가 지나갈 수 있는 길을 순식간에 만들었습니다. 그러자 진나라 혜왕은 바로 그 길을 이용해 촉나라로 쳐들어갔고, 손쉽게 촉나라를 멸망시킬 수 있었습니다.

살아가는 동안 작은 것을 욕심내다가 큰 것을 잃은 경험은 누구나 있을 것입니다. 이런 경험을 몇 번 하고 나면 다시는 그런 어리석은 짓을 하지 않겠다고 다짐하지만 다음에 또 그런 잘못을 되풀이하는 경우가 많습니다. 작은 이득은 눈에 쉽게 보이는데 큰 이득은 눈에 잘 보이지 않기 때문입니다.

 작은 이득을 욕심내다가 잃게 될 큰 이득이 눈에 보이기만 한다면 아무도 작은 이득을 탐내지 않을 것입니다. 지혜로운 사람은 눈앞의 작은 것에 집착하지 않습니다. 작은 것을 얻는 대가로 치러야 할 큰 손해를 볼 줄 아는 안목을 가졌기 때문입니다. 세상 사람들은 이런 경우를 두고 흔히 이렇게 말합니다.

 "사소한 일에 목숨 걸지 마라."

무아無我
욕심내지 않고, 성내지 않고, 어리석지 않다

아침에 일어나면 가만히 앉아 오늘 할 일을 천천히 생각해봅니다. 시간대별로 자잘하게 나누어 생각하다 보면 해야 할 일들이 뚜렷이 떠오르고, 많은 경우 마음먹었던 대로 됩니다. 잠자리에 들기 앞서 또 하루를 머릿속으로 생각합니다. 그리고 오늘 있었던 일을 곱씹고 잘못한 것이 있으면 뉘우칩니다.

하루하루를 돌이켜 만족함이 없으면 뉘우칠 일이 산과 같고, 한 달을 돌이켜 얻는 것이 없으면 참회할 길조차 아득해집니다. 그러므로 날마다 지극하고 또 지극한 마음으로 간절히 뉘우쳐야 합니다. 그리하여 다시는 뉘우칠 일을 만들지 않을 만큼 뉘우쳐야 합니다.

뉘우칠 때는 마음속에 욕심과 성냄과 어리석음이 없어질 만큼 뉘우쳐야 합니다. 말이나 행동, 마음으로 지은 업業이 완전히 없어지도록 뉘우치고, 다시는 나쁜 업을 짓지 않을 정도로 뉘우쳐야 합니다.

왜 이렇게 뉘우칠 일들이 많은 것일까요?

욕심 때문입니다.

성냄 때문입니다.

어리석음 때문입니다.

욕심내지 않고, 성내지 않고, 어리석지 않으면 뉘우칠 일도 사라지고 맙니다.

어떻게 하면 욕심내지 않고, 성내지 않고, 어리석지 않을 수 있을까요? 그것은 마음을 비울 때 그렇게 될 수 있습니다.

마음을 비운다는 것은 아我를 없애는 것입니다. 마음을 비우면 욕심이 일어나지 않습니다. 나를 위해 공부하는 것이 아니라 세상을 위해 공부하고, 나를 위해 돈 버는 것이 아니라 세상을 위해 돈 벌게 되면 마음속에는 욕심이 머물 자리가 사라지고 맙니다. 욕심이 없는 마음에는 화가 남지 않습니다. 그리고 이미 내가 없기 때문에 어리석음 또한 없습니다.

근원根源
내 입장 버리기

어리석은 사람은 늘 자기 입장에서만 현실을 들여다봅니다. 있는 그대로 봐야 하는데 자기 입장에서만 보고, 있는 그대로 들어야 하는데 자기 입장에서만 듣다 보니, 보는 사람마다 듣는 사람마다 다르게 보고 다르게 들어 혼란이 오는 것입니다.

자기 입장을 버리고 있는 그대로 바라보는 훈련을 하십시오. 정확하게 볼 수 있는 견해와 시각이 생깁니다. 우리는 그렇게 되기 위해 수행을 하는 것입니다.

참선은 근원을 자기에게 돌리는 공부입니다. 자기 생각이 보잘것없다는 것을 알아차려야 내 입장을 버리고 있는 그대로 보고 듣게 됩니다. 자기 입장을 버리지 못하는 사람은 무슨 일을 해도 크게 성공하지 못합니다. 자기의 개념이나 상식이 완전한 것이 아니라는 것을 빨리 깨달아야만 더 크고 더 중요한 진리를 받아들일 빈자리가 생깁니다.

   내 입장을 버리면 세상이 온전히 보입니다. 세상을 온전히 보면 사물과 사건에 대해 정확한 판단을 내릴 수 있고, 무엇을 어떻게 해야 할지 올바른 방향을 세울 수 있습니다. 그리고 이 모든 것을 해내기 위해서는 있는 그대로 보고 듣는 힘이 필요하고, 이것을 온전히 가능하게 하는 것이 바로 참선입니다.

자기변화自己變化
한순간에 세상 모든 것을 바꿀 수 있는 지혜

얼마 전 신문 광고를 보다가 처음에는 놀라고 나중에는 웃은 일이 있습니다. 신문 한 면에 '마누라도 바꿨다'라고 쓰여 있어 마누라를 바꾸었다는 줄 알고 놀랐는데, 내용을 자세히 보니 마누라도 핸드폰을 바꾸었다는 말이어서 웃었던 것입니다.

요즘 바꾼다는 말을 참 많이 합니다. 예전에는 못 쓰게 되어야 바꾸는 줄 알았는데 요즘에는 싫증이 난다고 바꾸고, 단지 모양이 예쁘지 않다고 바꾸기도 합니다. 다시 말해, 자기 자신이 바뀔 생각은 하지 않고 주변의 것들을 바꾸어 자기만족을 얻겠다고 하는 마음이 강하다는 이야기입니다.

하지만 바뀜은 내 안에서 먼저 일어나야 합니다. 자신은 바뀌지 않으면서 남을 바꾸려고 하면 늘 문제가 생깁니다. 자신은 가만히 있으면서 상대를 바꾸려고 하면 얼마나 많은 사람을 바꾸어야 할까요? 또 시간은 얼마나 많이 걸리고, 힘은 얼마나 많이 들까요?

  그런데 자기 자신이 바뀌면 이 모든 것을 한순간에 해결할 수 있습니다. 내가 바뀌면 눈앞에 서 있는 사람부터 눈에 보이지 않는 셀 수 없이 많은 사람들까지, 하늘 아래 온갖 것이 바뀌기 때문입니다.

의심疑心
의심이 발목을 잡아 앞으로 나아가지 못하다

여우는 무척 빠른 짐승입니다. 그런데도 사냥꾼에게 잡히는 까닭은 무엇일까요? 의심 때문입니다. 여우는 도망가면서 사냥꾼이 쫓아오는지 계속 뒤돌아봅니다. 몇 발짝 도망가다 뒤돌아보고, 또 몇 발짝 도망가다 뒤돌아보고, 그렇게 뒤돌아보다가 마침내 잡히고 맙니다.

우리의 발목을 잡고 있는 의심은 무엇입니까?
어떤 의심에 사로잡혀 앞으로 나아가지 못하고 있습니까?
의심에 붙잡혀 스스로 불행을 불러들이고 있지는 않습니까?

기도祈禱
행동하지 않는 믿음은 죽은 믿음

오랫동안 비가 내리지 않았습니다.

땅이 메말라 가고 농작물이 타들어 갔습니다. 사람들은 비를 내려 달라고 기도를 올리기로 했습니다. 온 나라에서 수많은 사람들이 뜨거운 햇볕을 맞으며 모여들었습니다. 그리고 온갖 정성을 다 바쳐 비를 내려 달라고 기도했습니다.

그런데 거기에 모인 수많은 사람들 가운데 우산을 가지고 온 사람은 단 한 사람도 없었습니다.

신앙信仰
자기 자신을 바로 세우는 수행의 과정

세상에는 수많은 종교가 있습니다. 그런데 과연 종교란 무엇일까요? 그리고 무엇이 되어야 할까요? 오늘날 세계의 많은 종교들이 신앙의 종교가 되어 있습니다. 그러다 보니 종교끼리 서로 날카롭게 맞서고 헐뜯고 싸우고 있습니다.

하지만 종교는 신앙 이전에 자기수행自己修行이 더 필요하고 중요합니다. 자기 수행을 통해 참 신앙을 가질 수 있기 때문입니다. 자기 수행 없이 신앙만 가지려고 하면 엉터리가 되기 쉽습니다. 그 엉터리 신앙은 다른 신앙인을 공격하는 모습으로 나타나게 되고, 그래서 종교끼리 갈등하고 맞서게 되는 것입니다.

종교는 신앙 이전에 자기 자신을 바로 세우는 수행의 과정이 되어야 합니다. 그래야 신앙이 가시가 아닌 꽃이 됩니다.

효행근본孝行根本

장례는 죽은 사람에게 돌리고, 제는 산 사람에게 돌리다

예전에는 한집안 식구들이 믿는 종교가 모두 같았습니다. 따라서 사람이 죽어 장례를 치르고, 때가 되어 제祭를 올리는 데 아무 문제가 없었습니다. 그런데 지금은 사정이 많이 달라졌습니다.

다양한 종교가 들어오다 보니 한집안 사람끼리도 믿는 종교가 다른 경우가 많습니다. 평소에는 이런 모습이 그다지 문제가 되지 않다가도, 집안사람이 죽거나 제를 지낼 때는 아주 심각한 문제가 되기도 합니다. 종교마다 장례를 치르는 방법과 제를 지내는 방법이 다르기 때문입니다.

그동안 죽은 사람을 놓고 장례를 치르는 집안사람들이 서로 얼굴을 붉히며 다투는 모습을 많이 보았습니다. 모두들 자기의 종교 방식대로 하지 않는다고 하는 불만에서 비롯된 갈등과 다툼이었습니다.

그런 모습을 볼 때마다 어떤 기준이 있어야겠다는 생각을 했습니

다. 그래야만 장례식이나 때가 되어 올리는 제祭가 참으로 죽은 사람을 슬퍼하고 함께 그리워하는 아름다운 가족모임이 될 수 있을 것이기 때문입니다. 그래서 저는 늘 사람들에게 이렇게 말합니다.

"장례는 죽은 사람에게 돌리고, 제는 산 사람에게 돌리십시오."

곧 장례식은 죽은 사람의 종교에 따르도록 하고, 제祭는 살아 있는 가족들의 종교에 따라 행해야 한다는 뜻입니다. 예컨대 죽은 사람이 불교 신자라면, 나머지 가족들이 다른 종교를 믿는다고 해도 고인의 종교를 존중하는 뜻으로 장례식은 불교식으로 하는 것이 마땅하다는 것입니다. 그리고 죽은 사람이 불교 신자라 해도 나머지 가족들이 다른 종교를 믿는다면, 제祭는 남은 가족들의 종교에 따르는 것이 좋다는 것입니다. 이렇게 정리를 하면, 한집안에서 종교가 달라도 서로 마음에 상처 내는 일 없이 참된 마음으로 고인을 추억할 수 있습니다.

희로애락喜怒哀樂
때로 기뻐하고 때로 슬퍼하고 때로 화를 내다

우리말에는 감탄사가 참 많습니다. 감탄사란 인간의 희로애락을 짧고 강하게 표현하는 것입니다. 그런데 요즘 사람들은 감탄사를 잘 쓰지 않습니다. 감탄사를 통한 희로애락의 표현을 별로 하지 않는다는 이야기입니다. 이것은 자신의 감정을 잘 드러내지 않는다는 것을 뜻합니다.

그러다 보니 요즘 사람들은 잘 웃지도 않습니다. 무엇보다 우리나라 사람들은 웃음에 무척 인색한데, 오죽했으면 외국인들이 '한국 사람들은 마네킹 같다'는 표현을 했을까요.

웃음뿐 아니라 울음에도 현대인들은 무척 인색합니다. 옛날 사람들은 너무 슬퍼도 울고 너무 기뻐도 울었습니다. 하지만 요즘 사람들은 웬만해서는 울지 않습니다. 아주 사소한 일에도 크게 웃고, 아무것도 아닌 일에도 눈물부터 주루룩 흘리는 아이들에 견주어보면 현대인들이 얼마나 많이 웃지 않고, 많이 울지 않는지 금세 알 수 있습니다.

  웃지 않고, 울지 않는다는 것은 그만큼 자신의 감정을 드러내지 않고 속으로 켜켜이 쌓아 놓는다는 것을 뜻합니다. 물론 그것이 쌓이면 병이 됩니다. 한평생 눈물을 연구한 영국의 한 의학자에 따르면 다이애나 왕세자비가 죽었을 때 영국 우울증 환자의 3분의 2가 나았다고 합니다. 왕세자비의 죽음을 슬퍼하며 많은 사람들이 울었고, 그것이 치료 효과를 가져와 우울증이 많이 치료되었다는 이야기입니다.

  화는 어떨까요? 화는 무조건 참는 것이 좋은 것만은 아닙니다. 때와 장소를 가리지 않고 화를 내는 것은 잘못된 것이지만, 부당한 대우를 당했을 때 그에 갈음하는 화를 내는 것은 지극히 정당한 것입니다.

  그런데 우리나라 사람들은 부당한 대우에도 화를 내지 않는 경우

가 많습니다. 그렇다고 넓은 마음으로 상대를 용서하거나 포용하는 것도 아닙니다. 대신 속으로 분노를 품는 경우가 많습니다. 하지만 화를 내야 할 상황에서 화를 내지 않고 속으로 분노를 품는 것은 상대방에게도 본인에게도 모두 좋지 않습니다.

물론 부당한 대우를 당했어도 너그러운 마음으로 상대를 용서하고 포용할 수 있다면 그보다 더 좋은 것은 없습니다. 하지만 아직 그렇게 할 만큼 수양을 쌓지 못했다면, 속으로 분노를 품기보다는 올바른 방식으로 화를 내는 것이 좋습니다. 본인을 위해서도 또 상대방을 위해서도 말입니다.

전 세계적으로 40대의 자살률이 갈수록 높아진다고 합니다. 그 원인을 분석한 전문가들에 따르면 자신의 감정, 곧 즐겁고 슬프고 화나는 감정을 잘 다스리지 못해 생기는 우울증이 가장 큰 원인이라고 합니다.

자신의 감정에 충실하십시오. 기쁘면 충분히 기뻐하고, 슬프면 진심으로 슬퍼하고, 화가 나면 정당한 범위 내에서 화를 내십시오. 즐겁고 슬프고 화나는 마음을 적절하게 표현할 줄 아는 지혜와 용기가 필요합니다. 이것만 잘 다스려도 삶은 훨씬 평화롭고 행복해질 것입니다.

현재심現在心
늘 지금 이 순간을 살다

톨스토이는 가장 중요한 때는 지금이고, 가장 중요한 사람은 지금 만나고 있는 사람이며, 가장 중요한 일은 지금 하고 있는 일이라고 했습니다.

수행도 마찬가지입니다. 《금강경》에서는 '과거심불가득過去心不可得 현재심불가득現在心不可得 미래심불가득未來心不可得'이라 하여 과거도 현재도 미래도 잡을 수 없다고 했습니다.

과거는 이미 지나가버린 시간이고, 현재도 '지금'이라고 말하는 순간 이미 과거가 되어 돌이킬 수 없고, 미래는 아직 다가오지 않았기 때문입니다.

그런데도 우리는 어리석은 나머지 이미 지나간 과거에 집착해 지금 이 순간에 충실하지 못하고, 아직 오지 않은 미래를 걱정하느라 역시 지금 이 순간에 충실하지 못할 때가 많습니다.

과거와 미래에 집착하는 것은 모두 부질없는 짓입니다. 오직 바로 지금 이 순간, 이 자리에서 깨어 있는 삶을 살아야 합니다. 이것이 수행의 핵심입니다.

   늘 지금 이 순간을 사십시오.

부진부장不眞不長
진리가 아니면 영원하지 않다

인연因緣에 따라 생겼다가 사라지는 모든 것들은 꿈과 같고, 허상과 같고, 물거품과 같고, 그림자와 같고, 이슬과 같고, 번갯불과 같으니 마땅히 이와 같이 바라보아야 합니다.

바쁘게 시작한 하루가 잠깐 사이에 밤이 되고, 시간에 쫓기듯 살다 보면 어느새 세월이 갑니다. 옛날로 돌아갈 수도 없고, 미래로 미리 가 있을 수도 없는 것이 우리네 삶입니다. 그러므로 오직 지금 이 순간만이 있을 뿐입니다.

그렇다면 어떻게 사는 것이 가장 잘 사는 길일까요?

깊이 생각하고 생각하면서 살아야 합니다. 한순간 잘못 생각하면 힘들여 쌓은 공이 순식간에 물거품이 되고, 한순간 참된 생각을 하게 되면 하늘 아래 모든 것이 내게로 돌아옵니다. 이것이 진리眞理입니다.

내가 없으면 안 된다는 틀에 박힌 생각과 내가 으뜸이라는 생각을 버리고, 나와 가족과 우리 편 사람들을 위해서는 수단과 방법을 가리지 않겠다는 마음을 버리고, 텅 빈 마음으로 남을 대하고, 성실하고 낮은 마음으로 세상을 대하고, 성실히 대한다는 그 생각마저 비운 채 세상을 대할 때 그것이 바로 진리가 됩니다.

    진리만이 영원합니다. 다른 것은 모두 꿈과 같고, 허상과 같고, 물거품과 같고, 그림자와 같고, 이슬과 같고, 번갯불과 같습니다.

흔적 없이 베풀고
아낌없이 나누다

4장

유호덕攸好德
덕을 좋아하고, 즐겨 덕을 베풀다

옛사람들은 오복五福이라 하여 다섯 가지 복을 이야기했습니다. 수壽가 첫 번째이니 누구든지 오래 살고 싶어합니다. 부富가 그 다음이니, 오래 살아봤자 가난하면 아무 소용없다고 생각했습니다. 다음은 강녕康寧이니, 오래 살고 돈이 많아도 병이 있으면 아무 소용이 없기 때문에 욕심을 낸 복입니다.

그 다음이 유호덕攸好德입니다. 돈도 많고, 병도 없이 오래 살지만 삶이 즐거워야 한다고 했습니다. 즐겁게 살기 위해서는 좋아하는 것이 있고, 그것을 할 수 있어야 합니다. 그리하여 옛사람들은 좋아하는 것을 가졌는데 그것이 바로 덕德입니다. 덕을 좋아하고 남에게 즐겨 덕을 베푸는 것을 좋아했던 것입니다. 이것이 유호덕입니다.

그 다음이 고종명考終命입니다. 고종명은 하늘이 내려준 명대로 살다가 편안하게 죽는 것을 말합니다. 한동안 웰빙Well-Being이란 말이 무척 유행했는데, 요즘에는 웰다잉Well-Dying이란 말도 유행하고

있습니다. 잘 사는 것도 중요하지만 잘 죽는 것도 그 못지않게 중요하다는 생각에서 생겨난 말입니다. 이처럼 고종명이란 마지막까지 건강하게 살다가 깨끗한 정신으로 죽는 것을 말합니다.

이러한 오복 가운데서 우리가 눈여겨볼 것이 있습니다. 바로 '유호덕'입니다. 오래 살고, 부자가 되고, 병 없이 살고, 고통스럽지 않게 죽는 것은 예나 지금이나 사람이라면 누구든지 바라는 복입니다.

그런데 요즘 사람들은 유호덕을 잘 모릅니다. 덕을 좋아하고 덕을 베풀 줄 모릅니다. 그저 돈 많이 벌고, 높은 지위와 명예를 얻고, 자식들 잘되고, 제 몸 건강하면 그만인 줄 생각하며 살고 있습니다. 이런 면에서 옛사람들이 훨씬 더 여유 있고 풍요롭게 살았던 것 같습니다.

요즘에는 서양 사람들도 '가진 자들의 도덕적 의무Noblesse oblige'라는 말을 많이 쓰고 있습니다. 많이 배우고 많이 가진 사람들이 자신들이 가진 경제적·사회적 가치들을 사회에 되돌린다는 뜻인데, 이것은 사회에 덕을 베푼다는 유호덕과 다르지 않습니다.

   사람의 생각은 동서고금을 막론하고 비슷한가 봅니다. 서양 사람들이나 동양 사람들 모두 유호덕을 이야기했으니 말입니다. 삶이 풍성해지기 위해서는 유호덕을 즐기고 누릴 줄 알아야 합니다. 바로 거기에 행복이 있기 때문입니다.

덕德
나를 비우고 마음을 비울 때 가질 수 있는 가치

처음에는 힘 있는 사람들이 세상을 다스렸습니다. 그 다음에는 학문이 뛰어난 사람들이 세상을 다스렸습니다. 그 다음에는 기능이 뛰어난 사람들이 세상을 다스렸습니다. 지금은 돈 많이 가진 사람, 곧 장사를 잘하는 사람들이 세상을 다스리고 있습니다.

그러나 언제까지나 돈 많은 사람들이 세상을 다스리게 되지는 않습니다. 그렇다면 앞으로는 어떤 사람이 세상을 다스리게 될까요?

덕德을 지닌 사람이 세상을 다스리는 시대가 올 것입니다. 힘이나 학문, 기술이나 돈보다 덕이 존중받는 그런 시대가 올 것이라는 이야기입니다. 그러므로 이제는 덕을 논하는 그런 세상이 되어야 합니다. 덕은 자기를 버리는 무아無我가 되고, 마음속에 아무런 망상이 없는 허심虛心이 되어야 가질 수 있는 가치입니다.

5호 16국 가운데 하나인 후조後趙를 세운 석륵石勒은 왕이 된 뒤

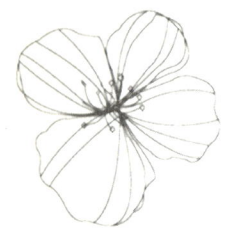

에도 부모형제와 고향 사람들의 은혜를 잊지 않았다고 합니다.

어느 날 석륵은 고향 어른들과 이웃 사람들을 궁으로 불러 커다란 잔치를 베풀었습니다. 그런데 석륵의 이웃에 살던 이양李陽은 보복이 두려워 잔치에 참석하지 않았습니다. 석륵이 군대를 일으키기 전 이양과 사사로운 일로 싸웠던 적이 있고, 그때만 해도 힘이 더 셌던 이양이 석륵을 심하게 두들겨 팼는데, 그 일로 석륵에게 보복을 당할까 두려워했던 것입니다. 이 사실을 알게 된 석륵은 다시 사람을 보내 이양을 초대했습니다. 그러고는 이렇게 말했습니다.

"그대는 참으로 힘이 세고 용감한 장수다. 지난날 내가 그대에게 맞은 것은 힘이 센 그대를 내가 당해내지 못했기 때문에 벌어진 일일 뿐이다. 그리고 내가 군사를 일으키기 전 평민으로 살 때의 일이기 때문에 그대가 잘못한 것은 하나도 없다. 게다가 이제 한 나라를 다스리는 사람이 되었는데 사사로운 감정으로 사람을 대할 수 있겠는가?"

 그러고는 이양을 가까이 불러 술잔을 건네며 옛 추억을 함께 나누었다고 합니다. 그리고 잔치가 끝날 무렵 다시 이렇게 말했습니다.

 "그대 이양은 참 주먹이 셌지. 내 어찌 그대의 센 주먹맛을 잊을 수 있겠는가? 그리고 그대는 늘 자신보다 힘센 자 앞에서도 용감하고 당당했지. 이제 그 센 주먹을 날 위해 쓰지 않겠는가?"

 그러고는 이양을 참군도위로 임명했다고 합니다. 이양의 이야기는 순식간에 온 나라에 퍼졌고, 백성들은 석륵을 진심으로 존경하기 시작했습니다. 그리고 변방의 수많은 오랑캐들도 석륵의 어짊에 감복해 후조에 귀의했다고 합니다. 그리하여 후조는 수많은 백성들과 함께 평화롭고 부유한 나라가 되었다고 합니다. 이것이 덕이 다스리는 세상의 모습입니다.

순망치한脣亡齒寒
입술이 없으면 이가 시리다

이웃집 아이를 자기 아이의 친구로 보는 것이 아니라 자기 아이의 경쟁자로 보는 것이 요즘 젊은 엄마들의 마음이라 합니다. 학교에서도 친구들끼리 웃으며 함께 놀지만 속으로는 모두 경쟁자로 생각한다고 합니다. 실제로 학교를 졸업하고 사회인이 되면 친구들은 곧바로 경쟁자가 되기도 합니다.

요즘 사람들은 자신을 제외한 모든 사람들을 잠재적 경쟁자로 생각하는 경향이 너무 강합니다. 이는 함께 살아갈 생각을 하지 못하고, 다른 사람을 밟고서라도 자신만은 성공하겠다는 생각이 강하기 때문입니다. 주위 사람을 대하는 이런 비뚤어진 생각은 어릴 때부터 경쟁 체제 속으로 내몰린 상황에서 비롯된 것이라 할 수 있습니다.

하지만 입술이 없으면 이가 시리다고 했습니다. 주변 사람들을 무조건 경쟁자로만 생각해 짓밟기만 한다면 나중에는 자신 또한 위태로워진다는 뜻입니다.

　춘추시대 말기 진나라 헌공은 우나라로 사람을 보내 괵나라를 치려고 하는데 우나라를 지나가게 해달라고 부탁했습니다. 괵나라로 가려면 반드시 우나라를 지나가야 했기 때문입니다.

　내심 이웃 괵나라를 못마땅한 경쟁자로 생각하고 있던 우나라 왕은 기회다 싶어 허락해줄 뜻을 비쳤습니다. 그러자 궁지기라는 충직한 신하가 강력히 반대하며 말했습니다.

　"괵나라가 우리나라와 경쟁 관계에 있는 것은 사실이지만 괵나라는 우리나라의 울타리나 다름없습니다. 괵나라가 망하면 머지않아 우리나라도 망할 수 있으므로 결코 길을 내주어서는 안 됩니다."

　하지만 우나라 왕은 괵나라를 미워하는 마음이 너무 강해 진나라 헌공의 청을 들어주고 말았습니다. 마침내 진나라는 우나라를 지나가 괵나라를 쳤는데, 돌아오는 길에 우나라마저 집어삼키고 말았습니다.

성공成功
나 아닌 것을 위해 나는 무엇을 할 것인가?

사람이라면 누구나 성공하기를 바랍니다. 그런데 성공이라 해서 모두 똑같은 성공이 아닙니다. 성공에도 단계가 있습니다.

가장 낮은 단계의 성공은 출세하는 것을 말합니다. 집안이나 사회에서 존경받는 신분으로 바뀌는 것으로, 흔히 의사가 되어 돈을 많이 번다거나 사법 고시에 합격해 높은 지위를 얻게 되는 것을 두고 말합니다. 이 정도 되면 어디 가더라도 굶어 죽지는 않으며 무시당하지 않고 살 수 있습니다. 그래서 세상의 많은 사람들이 이런 성공을 꿈꾸지만 안타깝게도 이것은 가장 낮은 단계의 성공입니다.

이보다 높은 단계의 성공은 남을 위해 무엇인가 하겠다고 해서 이룬 성공입니다. 러시아에서는 고등학교를 졸업한 학생들 가운데 가장 우수한 학생들이 물리학과로 간다고 합니다. 과학기술을 공부해 나라를 위해 뭔가 하겠다는 생각을 갖고 있다는 것이지요.

　나라를 위한다는 것이 무엇입니까? 자기 개인이 아니라 다른 많은 사람들을 위한다는 것이겠지요. 나라는 못살지만 러시아의 과학 기술이 어느 나라보다 발달한 까닭이 여기에 있습니다.

　그런데 우리는 어떻습니까? 공부 잘하는 학생들은 모두 의과 대학을 가거나 법대를 갑니다. 의사나 판·검사 역시 다른 사람을 위해 일할 수 있는 자리인 것은 사실이지만, 현실적으로 우리나라 학생들 가운데 진정 다른 사람을 위해 의사가 되고 판·검사가 되겠다고 생각하는 학생들이 얼마나 될까요?

　우리는 어릴 때부터 아이들에게 돈 잘 벌고 높은 지위와 명예를 얻는 데 몸과 마음을 다하도록 가르치고 있습니다. 세상을 위해, 나 아닌 다른 사람을 위해 무엇을 할 것인가는 가르치지 않습니다. 그러다 보니 세상이 온통 이기주의로 흐릅니다.

　옛날 사람들보다 훨씬 더 많이 배운 사람들이 지천에 널렸는데도 오히려 상식은 옛날보다 더 통하지 않고, 다른 사람에게 피해를 주는 사람은 더 늘어나고만 있습니다. 왜 그럴까요?

중요한 것을 가르치지 않았기 때문입니다. 집에서나 학교에서 출세해 성공하는 것만 가르쳤지 남을 위해서, 나 아닌 다른 것을 위해서 무엇을 해야 할지는 가르치지 않았기 때문입니다.

요즘 세상은 다른 사람들과의 관계 속에서 살아갈 수밖에 없는 구조입니다. 따라서 혼자 성공한다는 것은 그다지 의미가 없습니다. 그리고 혼자만의 성공으로는 그 성공을 지켜나가기도 어렵습니다. 사회가 온통 다른 사람들과의 유기적인 관계 속에서 움직이기 때문입니다.

내가 성공하고, 내가 이룬 성공을 오랫동안 지켜나가기 위해서는 다른 사람도 성공할 수 있도록 도와야 합니다. 어릴 때부터 남을 위해서, 나 아닌 다른 것을 위해서 무엇을 할 것인가를 생각하도록 가르쳐야 합니다. 이것이 우리 아이들을 참된 성공으로 이끄는 가장 확실한 지름길입니다.

일신청정 다신청정―身淸淨 多身淸淨
내 몸 하나가 깨끗하면 많은 사람들이 깨끗해진다

많은 사람들을 깨끗하게 할 만큼 내가 깨끗하려면 얼마나 깨끗해져야 할까요?

세상에는 혼탁한 사람보다 깨끗한 사람이 훨씬 많아야 하는데, 그 역할을 다른 사람에게 미룰 것이 아니라 나 자신이 먼저 깨끗한 몸을 이루어야 합니다.

어떻게 해야 깨끗한 몸을 이룰 수 있을까요?

먼저 마음이 깨끗해야 몸이 깨끗해집니다.

어떻게 해야 마음이 깨끗해질 수 있을까요?

어떤 생각을 하느냐에 따라 마음은 깨끗해지기도 하고 탁해지기도 합니다. 사람들은 몸을 깨끗하게 하기 위해 음식을 가려 먹습니다. 몸에 좋다는 음식을 찾아 멀리 가기도 하고, 비싼 돈을 들여 사 먹기도 합니다. 반대로 몸에 좋다면 굶기도 합니다. 그러다 보니 요즘 사람들은 옛날 사람들보다 나이에 비해 훨씬 젊어 보이고 오래

삽니다.

그런데 마음을 깨끗하게 하기 위해 생각을 가려 하는 사람은 많지 않습니다. 어떤 음식을 먹느냐에 따라 몸이 달라지듯 마음도 어떤 생각을 하느냐에 따라 달라집니다.

마음을 깨끗하게 하기 위해서는 생각을 가려 해야 합니다. 마음을 탁하게 하는 생각이 한순간도 발을 붙이지 못하도록 늘 아름다운 생각, 좋은 생각, 건강한 생각, 다른 사람을 가엾게 여기는 생각, 희망적인 생각, 긍정적인 생각, 남을 용서하고 받아들이는 생각을 해야 합니다.

이런 생각으로 가득 차면 먼저 내 마음이 깨끗해지고, 그 다음에는 주위 사람들을 깨끗하게 할 수 있습니다. 내 한 몸 깨끗한 것이 여러 사람을 깨끗하게 하는 순간입니다.

수많은 생각 가운데 마음을 깨끗하게 하는 생각을 가려 할 수 있는 것은 오직 자기 자신에 대한 집착에서 벗어날 때 가능합니다. 자기 자신에게 집착하면 탐욕이 생기고, 탐욕이 생기면 아름답지 못한 생각, 나쁜 생각, 건강하지 못한 생각, 다른 사람을 시기 질투하는 생각, 절망적인 생각, 부정적인 생각, 복수하려는 생각을 품어 마음이 탁하게 됩니다. 그런 마음을 가지면 저절로 주위 사람들의 마음까지 탁하게 만들고 맙니다.

마음은 어쩔 수 없는 것이 아닙니다. 맑은 마음도 탁한 마음도 모두 내가 어떤 생각을 마음에 가려 담느냐에 달려 있습니다.

육화六和
더불어 살아가는 여섯 가지 지혜

사람은 혼자 살 수 없습니다. 누군가와 늘 함께 살아갑니다. 집안에서는 가족과 함께 살고, 집 밖을 나서면 다양한 사람들과 함께 살아갑니다.

함께 살아가는 사람들은 생긴 모습만큼 다양한 생각과 가치관을 갖고 있습니다. 이들과 함께 평화롭고 조화롭게 살기 위해서는 화합이 필요합니다. 불교에서는 세상을 사는 지혜로 여섯 가지 화합을 이야기하고 있습니다. 이것이 육화六和입니다.

첫째, 신화공주身和共住 해야 합니다.

몸이 화합을 이루어 함께 살아간다는 뜻입니다. 다른 사람과 몸으로 화합을 이루기 위해서는 자신을 낮추어야 합니다. 그래야만 다른 사람과 화목하게 살 수 있습니다. 자기를 낮추지 않으면 그 누구와도 평화롭게 살 수 없습니다.

둘째, 구화무쟁口和無諍 해야 합니다.

입은 늘 화합하는 말을 해야 합니다. 입을 화합하면 늘 자비로운 말을 하고, 다른 사람을 비난하거나 헐뜯는 말을 삼갑니다. 이처럼 입을 조심하면 함께 사는 사람들과 다툼이 일어나지 않습니다.

한편 신화身和가 스스로 몸을 낮추는 것이라면 구화口和는 스스로 말을 낮추는 것이기도 합니다. 곧, 자신의 능력과 권위를 낮추는 것을 말합니다. 사람들에게 존경받는 사람들의 공통점은 스스로 입을 다스릴 줄 알고, 시비를 피하고, 이해관계가 걸린 이야기를 참을 줄 안다는 것입니다. 이 역시 스스로 입을 낮추는 것을 뜻합니다.

셋째, 의화동사意和同事 해야 합니다.

늘 다른 사람과 뜻이 화합하도록 애써야 합니다. 그렇기 위해서는 다른 사람의 의견을 존중하고, 자기의 의견을 굽힐 줄 알아야 합니

다. 그렇게 되면 함께 기뻐하고 함께 슬퍼할 수 있습니다. 그렇지 않고 늘 자신의 뜻만 주장하면 화합이 되지 못해 함께 사는 것은 그 자체로 고행이 되고 맙니다.

넷째, 계화동수戒和同修 해야 합니다.

계율을 지키는 데 화합해 함께 수행에 힘써야 합니다. 그러기 위해서는 먼저 자기 자신이 엄격하게 계율과 규범을 지켜야 합니다. 그리고 다른 사람에게는 오히려 너그러워야 합니다.

그런데 세상 사람들 가운데는 자신은 잘 지키지 못하면서 남들에게는 엄격하게 지킬 것을 요구하는 경우가 많습니다. 하지만 계율은 오히려 자기 자신에게는 엄격하게 적용하고 다른 사람에게는 너그러워야 합니다.

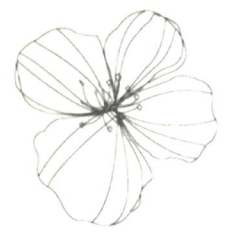

다섯째, 견화동해見和同解 해야 합니다.

견해가 화합되어야 올바른 이해를 할 수 있습니다. 견해가 다르면 한 가르침을 놓고도 서로 다르게 이해할 수 있습니다. 이해가 다르면 갈등이 생기고 다툼이 일어납니다.

마지막으로 이화동균利和同均 해야 합니다.

이해관계가 화합을 이루어야 차별이 없이 똑같아집니다. 무엇이든 똑같이 나누어야 하고, 나눌 수 없는 것이면 함께 가지는 것으로 해야 합니다. 그래야만 화합을 이루어 평화롭고 탈 없이 살 수 있습니다.

이것이 다른 사람과 함께 세상을 살아가는 여섯 가지 지혜입니다.

자리이타自利利他
위로는 도를 구하고, 아래로는 남을 위해 몸을 바치다

요즘같이 세상이 깨끗하지 못하고 개인주의가 넘쳐나는 때에 참으로 우리 곁에 있어야 할 사람이 바로 보살입니다. 보살이란 '보살마하살'을 줄인 말입니다. 마하살摩訶薩이란 '마하살타'를 줄인 말로, 마하摩訶 는 원래 '크다'는 뜻입니다. 그래서 대유정大有情, 또는 대사大士라고 옮길 수 있습니다.

보살은 자리이타自利利他라 하여 자신과 다른 사람을 위하는 대원大願과 대행大行을 가진 사람이므로 마하살이라 하며, 중생 가운데서 가장 윗자리에 있으므로 대사, 대유정이라고 하는 것입니다.

이처럼 중생 가운데서 가장 윗자리를 차지하고 있는 보살이 되기 위해서는 위로는 도道를 구하면서 아래로는 다른 이를 위해 몸을 바치는 삶을 살아야 합니다. 이러한 자리이타의 정신으로 살아갈 때 비로소 보살이 됩니다.

자신의 도를 구하는 데만 온 힘을 쏟으면서 이웃의 아픔에 대해서는 얼굴을 돌리고 관심을 가지지 않으면 보살이라 할 수 없습니다. 또 비록 다른 이를 위해 몸을 아끼지 않는다 하더라도, 자신을 위해 마음을 닦고 도를 구하지 않아 온갖 일에 탐진치貪瞋痴를 일으키고, 남에게 도움을 준다는 생각으로 스스로 으스댄다면 이 또한 보살이라 할 수 없습니다. 보살이 되기 위해서는 안과 밖을 골고루 갖추어야 합니다. 자기를 위할 줄도 알고, 다른 사람을 위할 줄도 알아야 합니다.

그렇다면 보살의 가장 큰 덕목은 무엇일까요? 바로 무주상보시無住相布施, 곧 머무는 바 없이 보시를 행하는 것입니다.

무주無住, 머무름이 없다는 것은 흔적이 없다는 뜻입니다. 어떤 행위를 하고도 그 행위에 집착하지 않아 흔적을 남기지 않는 것을 말합니다.

보시布施란 단나檀那 바라밀이라고도 하며, 물질로나 법으로 다

른 사람에게 베푸는 것을 말합니다. 남에게 아낌없이 베푸는 보시는 커다란 공덕이 있는 종교적 행위입니다. 하지만 공덕을 바라고 베풀어서는 안 됩니다. 베풀면서도 베푼다는 생각이 없어야 합니다. 그리하여 보시한다는 마음도 없고, 베푸는 물건도 보지 않으며, 받는 사람도 구별하지 않아야 참 보시이며, 이것이야말로 무주상보시가 되는 것입니다.

보살이 깨달음의 세계인 피안彼岸에 이르는 방편인 만행萬行도 육바라밀을 행하는 것이며, 이 가운데 보시가 으뜸입니다. 나머지 지계, 인욕, 정진, 선정, 지혜는 그 다음이 됩니다. 그러므로 보시 한 가지가 보살의 온갖 수행의 뿌리가 된다는 사실을 잘 알아야 할 것입니다.

우리는 삶에서 날마다 색色, 성聲, 향香, 미味, 촉觸, 법法과 마주칩니다. 이들을 육진六塵이라 하는데, 늘 우리의 본심을 빼앗고 참

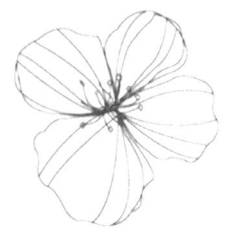

된 진리를 보지 못하게 하는 걸림돌로 작용합니다. 그러므로 보시할 때도 이들 여섯 가지 유혹에 머물지 않도록 해야 합니다.

왜냐하면 우리는 눈으로 보면 본 것에 집착하고, 소리를 들으면 들은 것에 집착하고, 냄새를 맡으면 냄새에 집착하고, 맛을 보면 맛에 집착하고, 접촉하면 접촉에 집착하고, 어떤 일을 생각하면 생각한 것에 집착하기 때문입니다.

집착은 사람을 어리석게 만들며, 한 치 앞도 내다볼 수 없도록 해 자기뿐 아니라 다른 사람들에게도 고통을 줍니다. 그러므로 위로는 깨달음을 구하고 아래로는 중생을 교화하는 데 조금도 게으르지 않아 세상에 이익이 되게 하는 보살이 많이 나와야 세상은 더욱 평화로워질 것입니다.

복지무비 福智無比
복과 지혜는 견줄 수 없다

복을 짓는다는 것은 보시布施를 행하는 것을 말합니다. 보시란 가진 것을 베풀어 남에게 이익을 주는 것으로, 자신의 처지에 따라 베풀면 됩니다.

보시에는 재물을 나누어주는 재시財施와, 어리석은 사람에게 가르침을 베풀어 지혜를 얻게 하는 법시法施가 있습니다. '복과 지혜는 견줄 수 없다'는 말은 아무리 큰 재시도 작은 지혜를 베푸는 법시만 못하다는 뜻입니다. 그렇다고 재시가 아무 쓸모없다는 것은 아닙니다. 다만 늘 재시로 복을 짓되, 경을 읽고 지혜를 이루어 남에게 법시를 베푸는 것 또한 게을리하지 말아야 한다는 것입니다.

복과 지혜는 서로 견줄 것이 아니라 함께 짓고 함께 닦아야 하는 것입니다. 복이 많아도 지혜가 모자라면 그 복을 지킬 수 없고, 지혜가 많아도 복이 모자라면 그 지혜를 쓸 수 없기 때문입니다. 복과 지혜는 함께 갖추어야 온전하게 되는 것입니다.

진복眞福
뿌리지 않고 거둘 수 없다

복은 지혜와 견줄 수 없지만 사람 사는 세상에서는 복도 필요합니다. 하지만 부모에게 물려받은 복은 참된 복이 아닙니다. 자신이 직접 지어 얻은 복이라야 진짜 복입니다. 부모에게 물려받은 복은 복이라기보다 빚이라는 것을 알아야 합니다. 물려받은 복은 세월이 지나면 물거품처럼 사라지고 말기 때문입니다. 복은 지으면 지을수록 쌓이지만, 헛되이 쓰면 쌓인 복도 없어지고 맙니다.

그렇다면 어떻게 복을 지어야 할까요? 늘 보시布施를 행하십시오. 자신의 처지에 따라 자신의 것을 나누십시오. 지금 잘사는 사람들은 그 복을 계속 이어나가기 위해 베풀고, 지금은 잘살지 못하나 앞으로 잘살고 싶다면 복을 얻기 위해 베풀어야 합니다. 뿌리지 않고 거둘 수는 없습니다. 이것이 참된 복입니다.

하지만 이러한 복은 사람과 천상 세계의 복은 되지만 언젠가는 다함이 있어 영원한 복은 되지 못합니다. 영원한 복을 누리기 위해서는 복을 짓고, 더불어 지혜를 얻어야 합니다. 지혜를 얻으면 세상 살아가는 법을 저절로 깨닫게 됩니다. 복은 다하면 없어지지만 지혜는 한번 생기면 영원히 없어지지 않습니다.

말
따뜻한 말 한마디가 참다운 공양구

꼭 재물을 베풀어야 보시布施라 생각하는 사람들이 많습니다. 하지만 재물로 베푸는 것만이 보시가 아닙니다. 재물이 없으면 몸으로 보시를 할 수 있으며, 몸이 온전치 못하면 마음이나 말로도 할 수 있습니다.

따뜻한 말 한마디가 참다운 공양구供養具라 했습니다. 친절한 말 한마디, 따뜻한 웃음, 다른 사람을 위한 작은 배려가 정성 없이 내놓는 많은 재물보다 더 좋은 보시가 됩니다.

나눔
공덕은 여러 사람이 조금씩 나누는 데 있다

30여 년 전 일본에서 있었던 일입니다. 신도 수가 수만 명이나 되는 어느 큰 절에서 30억 엔 정도가 드는 불사를 이루려고 주지 스님이 시주를 부탁하는 내용을 공표했습니다. 그러자 이튿날 어느 큰 부자가 30억 엔이라는 많은 돈을 갖고 와서 스님 앞에 내놓았다고 합니다.

"불사금으로 가지고 왔습니다."

그 말을 들은 스님은 이렇게 말했습니다.

"부처님께 올린 뒤 절하고 가져오십시오."

부자는 시주금을 불단에 올리고 절을 한 뒤 다시 스님 앞에 내놓았습니다. 그러자 스님은 이렇게 말했습니다.

"이제 가지고 돌아가십시오. 부처님께 올리셨으니 부처님께서 받으셨습니다."

부자가 놀라 까닭을 물었습니다.

"불사의 공덕은 여러 사람이 조금씩 나누는 데에 있습니다. 그런데 한 사람이 혼자서 시주해버리면 다른 많은 사람들이 기회를 잃어버리게 되는 것이지요."

회향廻向
자신이 이룬 공덕을 다른 사람에게 돌리다

누군가 착한 일을 하는 것을 보면 기분이 좋아지는 것이 사람 마음입니다. 더구나 아무도 보지 않는 곳에서 착한 일을 했고, 우연한 기회에 그것이 세상에 드러났을 때 사람들은 그 사람을 더욱 크게 칭송합니다.

그런데 누군가 아무도 몰래 착한 일을 했고, 우연한 기회에 세상에 드러나게 되어 사람들의 칭송을 받게 되었는데, 그 칭송마저 다른 사람에게 돌리면 이는 과히 미덕의 극치라 할 수 있습니다.

이처럼 아무도 몰래 좋은 일을 하는 것은 물론이고, 그 대가를 바라지도 않고, 오히려 다른 사람에게 그 선행의 복까지 돌아가게 하는 것을 회향廻向이라 합니다.

회향은 보리회향菩提廻向, 중생회향衆生廻向, 실제회향實際廻向으로 나눌 수 있습니다. 보리회향은 선행의 공덕이 실생활의 좋은 결과로 나타나기보다는 깨달음을 성취하는 결과로 나타나길 바라는 것입니다.

중생회향은 자신이 몸소 행한 선행의 공덕을 다른 사람의 이익을 위해 돌리는 것입니다. 그리고 실제회향은 수행하는 사람이 궁극적으로 지향해야 하는 것으로, 그 뜻을 살펴보면 '무상한 것을 멀리하고 진실한 법을 구하기 위해 자신의 선행을 평등하고 변하지 않는 진리 자체로 돌리는 것'입니다.

이것은 그 무엇에도 집착하지 않고 진리를 몸소 실천하는 것을 말합니다. 그러므로 진실한 회향은 회향하는 자도, 회향하는 법도, 회향하는 곳에도 집착해서는 안 되는데, 실제회향이란 바로 이 진실한 회향을 뜻합니다.

세상에는 좋은 일을 하는 사람들이 참 많습니다. 어떤 사람은 자신이 가진 지식을 통해 좋은 일을 하고, 어떤 사람은 재물을 통해, 또 몸과 마음으로 좋은 일을 많이 합니다. 우리는 이러한 행동들이 참된 회향이 되도록 해야 합니다. 그렇기 위해서는 '회향한다'는 사실조차도 잊어버려야 합니다. 그래야만 참된 회향이 됩니다.

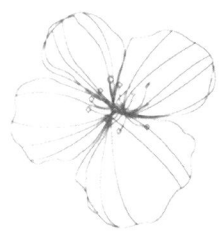

회소향대廻小向大
작은 것을 돌이켜 큰 것을 향하다

사람은 모름지기 무슨 일을 하더라도 마무리를 잘해야 합니다. 아무리 좋고 훌륭한 일을 하더라도 마무리를 못하면 그 일은 빛을 잃고 맙니다. 그렇다면 어떻게 마무리를 해야 할까요?

어떤 일이든 맨 마지막 단계가 되면 회향廻向 해야 합니다. 그러면 반드시 향상일로向上一路 하여 더 큰 진리를 향해 나아갈 수 있습니다.

회향이란 회소향대廻小向大를 줄인 말인데, 말 그대로 '작은 것을 돌이켜 큰 것을 향하다' 라는 뜻입니다. 돈을 많이 버는 성공을 이루었다면 마지막에는 회소향대 하여 그 재물을 다른 사람들을 위해 쓰는 것입니다. 이때 돈을 버는 성공이 작은 것이라면 그 돈을 다른 사람들을 위해 쓰는 것은 큰 것을 향하는 것이 됩니다.

지금까지는 내 성공만을 위해 살아왔다면 이제는 세상 모든 사람들의 성공을 위해 돌아서고, 눈에 보이는 것만을 얻기 위해 살아왔다면 이제는 눈에 보이지 않는 진리를 얻기 위해 돌아서는 것, 모두 작은 것을 돌이켜 큰 것을 향하는 마음입니다. 곧 지금까지의 삶을 마무리하고 한 단계 더 높은 길로 접어드는 것을 말합니다.

　사람들은 누구나 성공하기를 바랍니다. 하지만 아무리 큰 성공을 이룬다 해도 진리 앞에서는 아무 보잘것없는 것이 되고 맙니다. 그러므로 마지막에 가서는 내가 쌓은 수행이나 공덕을 더욱 큰 쪽으로 돌려야 합니다. 이것이 회소향대입니다.

원력願力
간절함을 뛰어넘는 간절함

사람이 살아가는 모습은 크게 상·중·하 세 단계로 나눌 수 있습니다. 하근기下根機 중생은 스스로 서지 못하고 남에게 기대어 존재하기 때문에 세상에 짐이 될 뿐입니다. 중근기中根機 중생은 스스로 존재해 남에게 피해를 주지는 않지만 유익을 주지도 않습니다. 상근기上根機 중생은 삶 자체가 남을 위함이고, 모든 사람에게 모범이 되는 사람으로 세상이 그를 바라고 우러릅니다.

그러므로 우리는 온 몸과 마음을 다해 세상에 유익을 주는 삶을 살아야겠다고 간절히 바라고 바라야 합니다. 간절히 바라는 마음이 지극할 때 간절히 바라는 것이 이루어집니다.

무엇인가를 간절히 바랄 때, 우리는 그것을 이루기 위해 애쓰게 됩니다. 걸림돌이 생기면 포기하는 것이 아니라, 그것을 이겨낼 방법을 궁리하며 찾아내게 됩니다. 이렇듯 간절히 바라는 마음, 곧 원

력願力은 단순히 바라는 마음으로 그치는 것이 아니라, 우리의 생각과 몸을 움직이게 하고, 결국 바라던 것을 이루게 하는 힘이 됩니다.

내가 부자 되기를 바라지 말고 이 나라가 부자 되기를 바라고, 내가 건강하기를 바라지 말고 세상 모두가 건강하기를 바라고, 내게 장애가 없기를 바라지 말고 세상사람 모두에게 장애가 없기를 바라는 마음을 원력으로 세워야 합니다.

사람들의 마음속에 이러한 원력이 가득 차면 세상은 반드시 그렇게 될 것입니다.

의행義行
지금도 좋고, 나중에도 좋은 일을 하다

　　　　　　　　　사람들은 누구나 좋은 일을 많이 해야 하고 좋지 않은 일은 해서는 안 된다는 사실을 잘 알고 있습니다. 그런데 살다 보면 좋은 일인지 좋지 않은 일인지 두부 자르듯 딱 맞아떨어지지 않을 때가 많습니다.

　이때 한 가지 좋은 방법이 있습니다. 하려는 일이 지금도 좋고 나중에도 좋으면 그것은 좋은 일이므로 하면 됩니다. 그런데 지금은 좋지만 나중에는 좋지 않다면 그것은 좋은 일이 아니므로 해서는 안 됩니다.

　어떤 행동이나 말을 하기 앞서, 지금 내가 하려는 것이 지금도 좋고 나중에도 좋은지 늘 헤아려봅시다. 이것만으로도 잘못된 행동이나 말을 많이 줄일 수 있습니다.

삼덕三德
법신法身으로 삼라만상의 참모습을 보다

　　　　　　　　　　우리는 법신法身, 반야般若, 해탈解脫을 이루기 위해 수행을 합니다. 이를 삼덕三德이라 하는데, 이 세 가지 덕을 이루면 최고의 인격체가 됩니다.

　법신法身은 부처님 몸을 뜻하는데, 우리의 몸은 의식에 이끌려 다니는 육신肉身입니다. 육신으로 살면 마음이 늘 시비是非와 분별分別, 선악善惡, 증오憎惡로 가득 차기 마련이지만, 법신으로 살게 되면 이 모든 것들이 지혜로 바뀝니다. 왜냐하면 법신은 반야로 살기 때문입니다.

　반야般若는 만물의 참된 실상을 깨닫고 불법을 꿰뚫게 하는 지혜로, 온갖 분별과 망상에서 벗어나 존재의 참모습을 알게 함으로써 깨달음에 이르게 합니다. 그러므로 육신이 법신으로 바뀌고, 의식이 반야로 바뀔 때 해탈解脫에 이르게 되는 것입니다.

　우리는 끊임없는 수행을 통해 육신을 법신으로 바꾸고자 노력해야 합니다. 육신의 욕심을 버리고 법신으로 살면 모든 것의 참모습을 볼 줄 아는 지혜가 생깁니다. 나의 참된 마음은 무엇인지, 이웃의 참된 모습은 무엇인지, 우리가 걸어가야 할 참된 길은 어느 것인지 저절로 보이게 됩니다. 이것이 삼덕三德이 우리에게 주는 선물입니다.

덕德과 지혜智慧
덕 없는 지혜를 경계하다

지혜와 덕을 갖춘 이를 성인군자聖人君子라고 합니다. 지혜는 있으나 덕이 없으면 소인小人이라 합니다. 그리고 지혜도 없고 덕도 없으면 어리석은 사람이라 합니다.

성인군자와 더불어 도반이 되면 최고이겠지만 만약 그럴 수 없다면 차라리 소인보다는 어리석은 사람을 만나는 것이 낫습니다. 덕이 없이 지혜만 있으면 악을 행하는 데 그 지혜를 쓸 수 있기 때문입니다.

우리가 공부를 하는 것은 지혜와 덕을 갖추기 위함입니다. 그런데 한꺼번에 이 둘을 얻기가 어렵다면 지혜보다는 먼저 덕을 갖추는 것이 낫습니다. 덕이 없는 지혜는 자기 자신과 다른 사람에게 해를 끼칠 수 있기 때문입니다.

하지만 세상에는 덕을 구하기 앞서 지혜를 얻으려고 애쓰는 사람들이 있습니다. 그러다 보니 덕 없이 지혜만 높은 사람들이 생겨나 세상을 혼란스럽게 하기도 합니다. 지혜를 구하는 것은 좋은 일이나 덕 없는 지혜는 스스로 경계해야 합니다.

천재불용天才不用
재주가 덕을 이겨서는 안 된다

요즘 젊은 엄마들은 너 나 할 것 없이 자식을 천재로 키우려고 합니다. 하지만 세상에 나가 훌륭한 사람이 되는 것은 천재가 아니라 덕이 있는 사람입니다. 오늘날 많은 사람들에게 존경을 받고, 지도자의 위치에서 사회를 이끄는 사람은 천재가 아니라 덕이 높은 사람입니다.

사람들은 천재를 부러워하지만 천재는 오래가지 못합니다. 하지만 덕은 영원합니다. 그러므로 머리 좋은 사람으로 키우기 전에 덕을 좋아하고 덕을 즐겨 베풀 줄 아는 사람으로 키워야 할 것입니다.

공자는 천재불용天才不用이라 하여, 덕 없이 머리만 좋은 사람은 아무짝에도 소용이 없다고 했습니다. 이는 공자와 황택皇澤의 이야기에서 잘 알 수 있습니다.

어느 날 공자가 수레를 타고 길을 가는데 어떤 아이가 흙으로 성을 쌓고 놀고 있었습니다. 그런데 수레가 가까이 가도 아이는 비켜

줄 생각을 하지 않았습니다.

"애야, 수레가 지나갈 수 있도록 길을 비켜주겠느냐?"

그런데도 아이는 쭈그리고 앉아 하던 놀이를 계속했습니다. 그러고는 이렇게 말했습니다.

"수레가 지나가도록 성이 비켜야 합니까? 아니면 수레가 성을 비켜 지나가야 합니까?"

아이의 말에 공자는 똑똑한 녀석이라고 생각하며 수레를 돌려 지나가려 했습니다. 그러다가 아이에게 이름과 나이를 물어보았습니다. 그러자 이름은 황택이며 나이는 8살이라 했습니다.

이에 공자는 "한 가지 물어보아도 되겠느냐?"라고 했습니다. 그러고는 바둑을 좋아하느냐고 물어보았습니다. 그러자 황택은 이렇게 말했습니다.

"군주가 바둑을 좋아하면 신하가 한가롭고, 선비가 바둑을 좋아

하면 학문을 닦지 않고, 농사꾼이 바둑을 좋아하면 농사일을 못하니 먹을 것이 풍요롭지 못하게 되거늘 어찌 그런 바둑을 좋아하겠습니까?"

아이의 대답에 놀란 공자는 한 가지 더 물어도 되겠냐고 하고는 "자식을 못 낳는 아비는 누구냐?"라고 물었습니다. 그러자 아이는 허수아비라고 대답했습니다.

"그러면 연기가 나지 않는 불은 무엇이냐?"

"반딧불이입니다."

"그러면 고기가 없는 물은 무엇이냐?"

"눈물입니다."

아이의 거침없는 대답에 놀란 공자는 입을 다물지 못했습니다. 그 순간 아이가 벌떡 일어서며 "제가 한 말씀 여쭤도 되겠습니까?"하고 말했습니다. 공자가 그렇게 하라고 이르자 아이는 이렇게 물었습

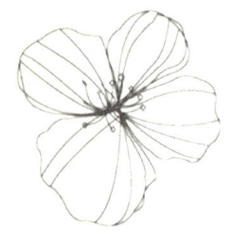

니다.

"아주 추운 겨울에 모든 나무의 잎들이 말라 버렸는데 어찌 소나무만 잎이 푸릅니까?"

공자는 잠시 생각하다가 "속이 꽉 차서 그럴 것이다." 하고 대답했습니다. 그러자 아이가 다시 물었습니다.

"그렇다면 속이 텅 빈 저 대나무는 어찌하여 겨울에도 푸릅니까?"

그러자 공자는 "그런 사소한 것 말고 큰 것을 물어보아라."라고 했습니다. 그러자 아이가 다시 물었습니다.

"하늘에 별이 모두 몇 개입니까?"

"그건 너무 크구나."

"그럼 땅 위의 사람은 모두 몇 명입니까?"

"그것도 너무 크구나."

"그럼 눈 위의 눈썹은 모두 몇 개입니까?"

아이의 질문에 공자는 아무런 대답을 하지 못했습니다. 공자는 아이가 참 똑똑하다고 생각했습니다. 그리하여 아이를 가르쳐 제자로 삼고 싶다는 생각을 잠시 했습니다. 하지만 공자는 아이가 머리는 좋으나 덕德이 부족해 궁극에 이르지는 못할 것이라는 사실을 내다봤습니다. 그리하여 다시 수레에 올라, 가던 길을 계속 갔습니다.

실제로 황택의 이름은 그 이후 어디에서도 보이지 않습니다. 그의 천재성은 8살에서 끝이 나고 말았던 것입니다. 사람들은 머리로 세상을 산다고 생각하지만, 사실 머리가 세상에 미치는 영향보다 가슴이 미치는 영향이 훨씬 큽니다. 그러므로 머리에 앞서 덕을 쌓고, 덕으로 세상을 살 수 있도록 가르쳐야 할 것입니다.

오늘날 우리가 사는 세상이 온갖 거짓과 모순과 악으로 넘쳐나는 것은 지식이 모자라서가 아니라 덕이 모자라기 때문입니다. 그러므로 우리가 아이들에게 가르쳐야 할 것은 천재교육이 아니라 '재주가 덕을 이겨서는 안 된다'는 소박한 진리일 것입니다.

무명無明

착각에서 벗어나라

문수보살이 부처님에게 물었습니다.

"부처님께서는 어떻게 성불하셨습니까?"

그러자 부처님은 이렇게 말씀하셨습니다.

"무명無明을 끊으니 성불이더라. 무명이 없는 자리가 성불의 자리다."

그렇다면 무명이란 무엇일까요?

무명은 지혜의 빛이 없는 것입니다. 빛이 있어야 세상을 볼 수 있는데, 빛이 없으니 무지하게 살 수밖에 없는 것이 중생衆生입니다. 무명이 없어지면 지혜의 빛이 나오고 성불하게 되는 것입니다.

무명은 마치 어리석은 사람이 방향을 잃어버린 것과 같습니다. 방향을 잃어버리면 동쪽으로 가면서 서쪽으로 가고 있다고 생각하게 됩니다.

또한 무명은 어리석은 사람이 자신의 몸에 대해 잘못 알아듣는 것과 같습니다. 우리 몸은 지地, 수水, 화火, 풍風으로 되어 있고, 이들이 흩어지면 남는 것이 없습니다. 그러므로 내 몸이 내 것이 아니라는 것을 알아야 합니다. 그런데 내 것으로 삼아 집착하게 되면 이것이 무명입니다. 마치 나그네가 여관에서 잠을 자면서 여관이 자신의 집이라 생각하는 것과 같습니다.

 마음에 대한 잘못된 인식 또한 무명입니다. 사람은 보고 듣고 배워서 안 것을 자기 마음이라고 착각합니다. 그리고 마음은 태어난 환경이나 상황에 따라 모두 다르기 마련인데, 익힌 관념을 마음이라 생각해 그 마음에 집착합니다. 게다가 마음은 수시로 바뀌기 때문에 내 마음이란 원래 있지도 않은데, 어리석은 사람은 자기의 마음을 내세우고 주장합니다. 이것이 무명입니다.

 이렇듯 무명은 지혜의 빛이 없어 진리를 제대로 볼 수 없는 것을 말합니다. 수행의 근본은 바로 이 무명을 없애는 데 있습니다. 무명을 없애고 나면 그 순간 최상의 지혜가 드러납니다. 그리하여 세상을 바르게 볼 수 있게 됩니다. 그리고 나 자신, 바르게 살 수 있게 됩니다.

마음속의 가시는 꽃이 되고
그 꽃은 세상을 향기롭게 합니다